问策

中国乡村全面振兴

黄承伟 著

WENCE
ZHONGGUO XIANGCUN
QUANMIAN ZHENXING

广西人民出版社

图书在版编目（CIP）数据

问策中国乡村全面振兴 / 黄承伟著 . — 南宁：广西人民出版社，2024.5
ISBN 978-7-219-11727-9

Ⅰ. ①问…　Ⅱ. ①黄…　Ⅲ. ①农村—社会主义建设—研究—中国　Ⅳ. ① F320.3

中国国家版本馆 CIP 数据核字（2024）第 030753 号

出品人　韦鸿学
策　　划　赵彦红　罗敏超
执行策划　梁凤华　覃结玲
责任编辑　覃结玲
责任校对　覃丽婷
版式设计　王程媛
封面设计　广大迅风艺术
　　　　　　张原海

出版发行	广西人民出版社
社　　址	广西南宁市桂春路 6 号
邮　　编	530021
印　　刷	广西民族印刷包装集团有限公司
开　　本	787mm × 1092mm　1 / 16
印　　张	13
字　　数	180 千字
版　　次	2024 年 5 月　第 1 版
印　　次	2024 年 5 月　第 1 次印刷
书　　号	ISBN 978-7-219-11727-9
定　　价	58. 00 元

前 言

习近平总书记在党的二十大报告中提出“全面推进乡村振兴”，深刻指出“全面建设社会主义现代化国家，最艰巨最繁重的任务仍然在农村。坚持农业农村优先发展，坚持城乡融合发展，畅通城乡要素流动。加快建设农业强国，扎实推动乡村产业、人才、文化、生态、组织振兴”，强调“全方位夯实粮食安全根基”“发展乡村特色产业，拓宽农民增收致富渠道。巩固拓展脱贫攻坚成果，增强脱贫地区和脱贫群众内生发展动力。统筹乡村基础设施和公共服务布局，建设宜居宜业和美乡村”，并对全面推进乡村振兴的其他方面重大举措作出安排。这是以习近平同志为核心的党中央统筹国内国际两个大局、坚持以中国式现代化全面推进中华民族伟大复兴，对正确处理好工农城乡关系作出的重大战略部署，为新时代新征程全面推进乡村振兴、加快农业农村现代化、建设农业强国指明了前进方向。

本书以党的二十大精神和习近平总书记关于“三农”工作的重要论述为指导，以中国式现代化为主线，围绕全面学习、深刻领会、准确把握党中央关于全面推进乡村振兴决策和部署，选取11个问题，以问答方式，结合新时代乡村振兴的实际进行阐释和解读。这11个问题涉及中国式现代化视野下的乡村振兴、全面推进乡村振兴决策部署的时代背景、全面推进乡村振兴的行动指南、实施乡村振兴战略的顶层设计、全面推进乡村振兴的重点和关键等。本书对上述问题的解读，实际上是深入阐述了新征程上全面推进乡村振兴的方方面面，有助于读者更全面、准确地理解和把握党的二十大关于乡村振兴战略部署的理论内涵和实践要求。

本书解读的11个方面，可以从3个版块来理解。第一个版块包括第1—5个问题的解读，从5个方面全面阐述了全面推进乡村振兴的时代背景、行动指南、顶层设计。第二个版块包括第6—10个问题的解读，从5个方面系统阐述了全面推进乡村振兴的实现路径。第三个版块是第11个问题，其解读站在“三农”领域如何落实新时代党的建设总要求的全局，深入阐述了在全面推进乡村振兴中如何坚持和加强党的全面领导的途径、方法。

本书定位为一本通俗理论读物。全书既有理论角度的总结阐述，又有实践角度的深度分析，力求体现针对性、指导性、权威性、理论性、可读性等特点，相信对各地以习近平总书记关于“三农”工作的重要论述为指导，坚决贯彻落实好党中央关于全面推进乡村振兴、加快农业农村现代化、建设农业强国的决策部署，持续提高全面推进乡村振兴的效力效能具有重要参考价值。

目 录

1 如何理解中国式现代化视野下的乡村振兴?

习近平总书记强调，概括提出并深入阐述中国式现代化理论，是党的二十大的一个重大理论创新，是科学社会主义的最新重大成果。中国式现代化是我们党领导全国各族人民在长期探索和实践中历经千辛万苦、付出巨大代价取得的重大成果，我们必须倍加珍惜、始终坚持、不断拓展和深化。习近平总书记指出：“从现在起，中国共产党的中心任务就是团结带领全国各族人民全面建成社会主义现代化强国、实现第二个百年奋斗目标，以中国式现代化全面推进中华民族伟大复兴。”中国式现代化既有各国现代化的共同特征，更有基于自己国情的中国特色。党的二十大报告明确概括了中国式现代化是人口规模巨大的现代化、是全体人民共同富裕的现代化、是物质文明和精神文明相协调的现代化、是人与自然和谐共生的现代化、是走和平发展道路的现代化这五个方面的中国特色，深刻揭示了中国式现代化的科学内涵。这既是理论概括，也是实践要求，为全面建成社会主义现代化强国、实现中华民族伟大复兴指明了一条康庄大道。新征程上全面推进乡村振兴，必须走好中国式现代化视野下的乡村振兴道路。

实现现代化是近代以来中国人民矢志奋斗的梦想，把我国建设成为社会主义现代化强国，是中国共产党始终不渝的奋斗目标。中国共产党成立100多年来，团结带领中国人民所进行的一切奋斗，就是为了把我国建设成为社会主义现代化强国，实现中华民族伟大复兴。一代代中国共产党人为此进行了艰辛探索与不懈奋斗。党的十八大以来，以习近平同志为核心的党中央团结带领全党全国各族人民自信自强、守正创新，采取一系列战略性举措，推进一系列变革性实践，实现一系列突破性进展，取得一系列标志性成果，成功推进和拓展了中国式现代化，推动党和国家事业取得历史性成就、发生历史性变革。中国式现代化是我们党领导全国各族人民在长期探索和实践中历经千辛万苦、付出巨大代价取得的重大成果。实践证明，中国式现代化走得通、行得稳，是强国建设、民族复兴的唯一正确道路。新时代十年，习近平总书记坚持运用马克思主义立场观点方法，立足新时代新征程党的使命任务，统筹把握中华民族伟大复兴战略全局和世界百年未有之大变局，科学总结我们党关于社会主义现代化建设的宝贵经验，积极汲取其他国家现代化建设的经验教训，借鉴吸收人类优秀文明成果，深刻回答建设什么样的社会主义现代化强国、怎样建设社会主义现代化强国的重大时代课题，就中国式现代化作出一系列重要论述。2022年10月，在党的二十大报告中，习近平总书记全面系统阐述了中国式现代化的领导力量、中国特色、本质要求、重大原则以及全面建成社会主义现代化强国的战略安排和目标任务。2023年2月，在新进中央委员会的委员、候补委员和省部级主要领导干部学习贯彻习近平新时代中国特色社会主义思想和党的二十大精神研讨班开班式上，习近平总书记又深刻阐述了中国式现代化的一系列重大理论和实践问题，极大丰富和发展了中国式现代化理论。中国式现代化理论，为我国全面建成社会主义现代化强国、实现中华民族伟大复兴提供了科学理论指引，为全面推进乡村振兴、加快农业农村现代化、建设农业强国提供了行动纲领。理解中国式现代化视野下的乡村振兴，就需要深刻认识中国式现代化的科学内涵、中国特色和本质要求，需要准确把握中国式现代化的理论体系。

一、中国式现代化的内涵

中国式现代化是中国共产党长期探索和实践取得的重大成果。1840年鸦片战争以后，中国逐步沦为半殖民地半封建社会，无数仁人志士不屈不挠，苦苦探寻中国现代化之路，但都没有成功。中国共产党一经诞生，就把实现中国的现代化、实现中华民族伟大复兴作为神圣使命。新中国的成立、社会主义基本制度的确立，为中国实现现代化创造了根本政治前提和制度基础。1957年，毛泽东同志提出要“将我国建设成为一个具有现代工业、现代农业和现代科学文化的社会主义国家”。1964年，周恩来同志在第三届全国人民代表大会第一次会议上提出，“把我国建设成为一个具有现代农业、现代工业、现代国防和现代科学技术的社会主义强国”。我们党领导人民在旧中国一穷二白的基础上建立起独立的比较完整的工业体系和国民经济体系，社会主义现代化建设迈出坚实步伐。党的十一届三中全会以后，邓小平同志明确提出“中国式的现代化”概念，把实现小康社会作为阶段性目标，完整阐述了我国现代化建设“三步走”发展战略。在人民生活总体上达到小康水平之后，党对实现第三步战略目标作了进一步规划，提出“新三步走”发展目标，有力引领着我国的现代化进程。进入新时代以来，党对建设社会主义现代化国家在认识上不断深入、战略上不断成熟、实践上不断丰富，成功推进和拓展了中国式现代化。

“中国式现代化，是中国共产党领导的社会主义现代化，既有各国现代化的共同特征，更有基于自己国情的中国特色。”[①]可见，中国式现代化的根本性质在于坚持中国共产党的领导与坚持社会主义方向相统一，即中国式现代化必须坚持中国共产党的领导，中国式现代化必须坚持社会主义方向不动摇。由此出发，中国式现代化的内涵可以从以下维度理解：第一，中国式现代化是社会主义现代化。社会主义原则是中国式现代化区别于西方现代化的根本原则，社会主义本质的内在要求框定了中国的现代化成果必须能够被全体人民共享，不断解放和发展社会生产力，最终实现共同富裕。第二，中国式现代化是全方位现代化。在“五位一体”总体布局下，中国式现代化致力于包括工业现代化、农业现代化、国防现代化、科技现代化、国家治理体系和治理能力现代化在内的“全面现代化”格局，不仅追求发展质量效益，还要满足人的多方面需求；不仅要解决好自己的事，而且要为人类发展作出更大贡献。第三，中国式现代化是具有民族特色的现代化。不同环境、不同社会结构，尤其是不同历史传统，决定了现代化发展模式的多样性，我国作为统一的多民族国家，在现代化道路选择上必然会出现独特的历史规律性（即差异性），中国式现代化具有鲜明的民族特色。第四，中国式现代化是人的现代化。中国式现代化的根本和核心理念是“以人民为中心”，以人民的幸福作为出发点和落脚点，以全体人民共同富裕、人的现代化作为根本价值取向。第五，中国式现代化是生产力高度发达的现代化。中国式现代化建设不断改革束缚生产力发展的体制机制，消除一切阻碍国力增强和人民生活水平改善的体制障碍，解放和增强社会活力，以确保共同富裕的现代化目标的实现。第六，中国式现代化的时代高度是一种崭新的文明形态。中国式现代化不仅解决了国家发展“为了谁”、国家建设“依靠谁”、美好生活“属于谁”的基础性问题，还超越了资本主义社会“权

① 习近平：《高举中国特色社会主义伟大旗帜，为全面建设社会主义现代化国家而团结奋斗——在中国共产党第二十次全国代表大会上的报告》，人民出版社，2022，第22页。

力”“资本”对美好生活的垄断，且在世界百年未有之大变局中，将秉承独立、合作、共赢的原则，向更多发展中国家尤其是欠发展国家提供现代化的宝贵经验，不断推动构建守望相助、命运与共的人类命运共同体，不断彰显中国式现代化的世界价值和文明意蕴。

二、中国式现代化的理论体系

习近平总书记关于中国式现代化的重要论述已经形成了内涵丰富、思想深邃、逻辑严密、框架清晰、博大精深的科学体系。中国式现代化理论作为马克思主义中国化最新成果，是新时代中国特色社会主义理论体系的重要组成部分，凝结着中国共产党对科学社会主义的理论思考，丰富并发展了科学社会主义理论。中国式现代化的科学理论体系的核心内容和主要观点，集中体现在以下方面。

（一）中国式现代化的理论渊源

中国式现代化的理论体系作为一种崭新的现代化理论形态，是马克思主义中国化的最新成果，是对中华优秀传统文化的传承弘扬，是社会主义现代化在理论体系构建上的丰富发展。首先，马克思主义中国化推动中国式现代化理论体系的发展。这主要体现在：第一，中国式现代化的理论体系蕴含着世界历史的必然性要求，遵循人类社会发展与文明演进的一般规律。第二，中国式现代化的理论体系能够始终坚守马克思主义的理论内核，正确认识与理解中国与世界的现代化问题。第三，中国式现代化的理论体系实现了与时俱进的自我完善与自我发展。中国化时代化的马克思主义对于社会主义国家走向现代化的理论探索仍在不断深化和发展，中国式现代化的理论体系仍处在纵深拓展的阶段，其理论形态也将随之进一步发展。习近平新时代中国特色社会主义思想深刻回答了中国式现代化建设的一系列重大理论与实践课题，为中国式现代化理论体系的发展提供了根本理论指南。蕴含其中的世界观和方法论，为中国式现代化理论体系的发展明确了基础性的要求，为中国式现代化理论体系的构建提供了正确路径与科学方法。这一思想中的“十个明确”“十四个坚持”“十三个方面成就”等主要内容，为中国式现代化理论体系的构建提供了深厚的内容支撑。其次，中国式现代化深深植根于中华优秀传统文化，中华优秀传统文化是中国式现代化的中国特色得以成型的文化根基。一方面，中华优秀传统文化中蕴含的丰厚思想资源，成为推动中国式现代化发展的文化力量。另一方面，中国式现代化的实践及其理论体系，成为推动中华优秀传统文化创造性转化与创新性发展的重要实践资源、理论资源。中国式现代化的文化探索，以先进文化为发展方向，以现代化科技手段为载体支撑，以现代文明为宏观追求，不仅在现代化实践的基础上发展着社会主义精神文明，还推动传统文化形成现代化、大众化、生活化的表现样态，更好地适应现代社会生产、生活、交往、传播的需要，使中华优秀传统文化的创造性转化与创新性发展充满着活力。再次，中国式现代化超越了历史上展开过的社会主义现代化探索，形成了社会主义现代化的中国样态，使社会主义现代化在21世纪的中国充满生机与活力，服务于全面建成社会主义现代化强国、实现中华民族伟大复兴的历史实践。中国式现代化的理论体系，是对社会主义现代化理论体系的丰富和发展、守正与创新，是科学社会主义原则与中国特色具体实际相结合的产物，成为中国特色社会主义现代化探索达到一定历史高度的理论标志。

（二）中国式现代化的领导力量

习近平总书记指出，中国式现代化，是中国共产党领导的社会主义现代化。中国特色社会主义最本质的特征是中国共产党领导，中国特色社会主义制度的最大优势是中国共产党领导，党是最高政治领导力量。“党的领导直接关系中国式现代化的根本方向、前途命运、最终成败”“党的领导决定中国式现代化的根本性质。党的性质宗旨、初心使命、信仰信念、政策主张决定了中国式现代化是社会主义现代化，而不是别的什么现代化”[①]。党的领导决定中国式现代化的根本性质，确保中国式现代化锚定奋斗目标行稳致远，激发建设中国式现代化的强劲动力，凝聚建设中国式现代化的磅礴力量。推进中国式现代化，必须坚持和加强党的全面领导，充分发挥党总揽全局、协调各方的领导核心作用。坚持中国共产党领导是中国式现代化的最根本属性，是中国式现代化最具标志性的特征，体现着中国式现代化的性质方向。

（三）中国式现代化的中国特色

中国式现代化具有五个方面的中国特色。第一，中国式现代化是人口规模巨大的现代化。我国14亿多人口整体迈进现代化社会，其规模超过现有发达国家人口的总和，将彻底改写现代化的世界版图，在人类历史上是一件有深远影响的大事。中国式现代化其艰巨性和复杂性前所未有，发展途径和推进方式也必然具有自己的特点。第二，中国式现代化是全体人民共同富裕的现代化。共同富裕是中国特色社会主义的本质要求，也是一个长期的历史过程。中国式现代化坚持以人民为中心的发展思想，着力解决地区差距、城乡差距、收入分配差距，促进社会公平正义，逐步实现全体人民共同富裕，坚决防止两极分化。第三，中国式现代化是物质文明和精神文明相协调的现代化。物质富足、精神富有是社会主义现代化的根本要求。共同富裕是全体人民共同富裕，是人民群众物质生活和精神生活都富裕，不是少数人的富裕，也不是整齐划一的平均主义。中国式现代化坚持社会主义核心价值观，加强理想信念教育，弘扬中华优秀传统文化，增强人民精神力量，促进物的全面丰富和人的全面发展。第四，中国式现代化是人与自然和谐共生的现代化。人与自然是生命共同体。我们坚持可持续发展，坚持节约优先、保护优先、自然恢复为主的方针，坚定不移走生产发展、生活富裕、生态良好的文明发展道路，实现中华民族永续发展。第

① 习近平：《中国式现代化是中国共产党领导的社会主义现代化》，《求是》2023年第11期。

五，中国式现代化是走和平发展道路的现代化。我们坚定站在历史正确的一边、站在人类文明进步的一边，高举和平、发展、合作、共赢旗帜，在坚定维护世界和平与发展中谋求自身发展，又以自身发展更好维护世界和平与发展。这五个方面的中国特色，扎根中国大地，切合中国实际，彰显中国国情，是中国式现代化最鲜明的印记、最亮丽的底色，深刻揭示了中国式现代化的科学内涵。

（四）中国式现代化的本质要求

习近平总书记在党的二十大报告中深刻阐述了中国式现代化的本质要求。第一，坚持中国共产党领导——这是中国式现代化的根本保证。推进中国式现代化必须全面加强党的领导，确保党中央权威和集中统一领导，确保党发挥总揽全局、协调各方的领导核心作用，使全党思想上更加统一、政治上更加团结、行动上更加一致，使党的领导在职能配置上更加科学合理、在体制机制上更加完备完善、在运行管理上更加高效。第二，坚持中国特色社会主义——这是中国式现代化的前进方向。中国式现代化摒弃了西方以资本为中心的现代化、两极分化的现代化、物质主义膨胀的现代化。新时代十年，以习近平同志为核心的党中央坚持和发展中国特色社会主义，攻克了许多长期没有解决的难题，办成了许多事关长远的大事要事，经受住了来自政治、经济、意识形态、自然界等方面的风险挑战考验，彰显了中国特色社会主义的强大生机活力。第三，实现高质量发展——这是中国式现代化的内在要求。习近平总书记指出："高质量发展是全面建设社会主义现代化国家的首要任务。发展是党执政兴国的第一要务。没有坚实的物质技术基础，就不可能全面建成社会主义现代化强国。"[①]党的十八大以来，以习近平同志为核心的党中央提出并贯彻新发展

---

① 习近平：《高举中国特色社会主义伟大旗帜，为全面建设社会主义现代化国家而团结奋斗——在中国共产党第二十次全国代表大会上的报告》，人民出版社，2022，第28页。

理念，着力推进高质量发展，推动构建新发展格局，实施供给侧结构性改革，制定一系列具有全局性意义的区域重大战略，我国经济实力、科技实力、综合国力跃上新台阶，经济迈上更高质量、更有效率、更加公平、更可持续、更为安全的发展之路。第四，发展全过程人民民主——这是中国式现代化的政治优势。全过程人民民主是社会主义民主政治的本质属性，是最广泛、最真实、最管用的民主。党的十八大以来，我们坚持走中国特色社会主义政治发展道路，全面发展全过程人民民主，社会主义民主政治制度化、规范化、程序化全面推进，有效保证了人民当家作主。第五，丰富人民精神世界——这是中国式现代化的文化力量。我们要建设的社会主义现代化强国，不仅要在物质上强，更要在精神上强。这就要求我们要坚持马克思主义在意识形态领域指导地位的根本制度，促进社会主义核心价值观广泛传播，中华优秀传统文化得到创造性转化、创新性发展，不断满足人民群众多样化、多层次、多方面的精神文化需求，更好构筑中国精神、中国价值、中国力量，推动全党全国各族人民文化自信明显增强。第六，实现全体人民共同富裕——这是中国式现代化的价值目标。中国式现代化归根结底是要实现全体人民共同富裕。这就要求我们深入贯彻以人民为中心的发展思想，把实现人民对美好生活的向往作为现代化建设的出发点和落脚点，在幼有所育、学有所教、劳有所得、病有所医、老有所养、住有所居、弱有所扶上持续用力，人民群众获得感、幸福感、安全感更加充实、更有保障、更可持续。第七，促进人与自然和谐共生——这是中国式现代化的生态基础。中国式现代化是人与自然和谐共生的现代化，注重同步推进物质文明建设和生态文明建设。这就要求我们坚持绿水青山就是金山银山的理念，坚持山水林田湖草沙一体化保护和治理，更加健全生态文明制度体系，确保我们的祖国天更蓝、山更绿、水更清。第八，推动构建人类命运共同体——这是中国式现代化的外部支撑。中国式现代化是走和平发展道路的现代化。当今世界，百年变局加速演进，和平赤字、发展赤字、安全赤字、治理赤字加重，人类社会面临前所未有的挑战。习近平总书记提出构建人类命运共同体，倡导共建“一带一路”，提出全球发展倡议和全球安全倡议，为建设一个持久和平、普遍安全、共同繁荣、开放包容、清洁美丽的世界提供了中国智慧和中国方案。第九，创造人类文明新形态——这是中国式现代化的历史贡献。新时代十年，以习近平同志为核心的党中央推动中华优秀传统文化创造性转化、创新性发展，坚持弘扬平等、互鉴、对话、包容的文明观，创造出光彩夺目的文明新形态，书写出人类文明新篇章。

（五）中国式现代化的战略安排

2017年党的十九大对实现第二个百年奋斗目标作出分两个阶段推进的战略安排：2020年到2035年，基本实现社会主义现代化；从2035年到本世纪中叶，把我国建成富强民主文明和谐美丽的社会主义现代化强国。2020年党的十九届五中全会提出到2035年基本实现社会主义现代化的远景目标。2022年党的二十大报告进一步明确了到2035年我国发展的总体目标，包括“经济实力、科技实力、综合国力大幅跃升，人均国内生产总值迈上新的大台阶，达到中等发达国家水平”等八个方面，并根据形势的变化和认识的深化，对有关表述作出一定调整，如“实现高水平科技自立自强，进入创新型国家前列”“建成现代化经济体系，形成新发展格局，基本实现新型工业化、信息化、城镇化、农业现代化”“基本实现国家治理体系和治理能力现代化，全过程人民民主制度更加健全，基本建成法治国家、法治政府、法治社会”“建成教育强国、科技强国、人才强国、文化强国、体育强国、健康中国，国家文化软实力显著增强”“人民生活更加幸福美好，居民人均可支配收入再上新台阶，中等收入群体比重明显提高，基本公共服务实现均等化，农村基本具备现代生活条件，社会保持长期稳定，人的全面发展、全体人民共同富裕取得更为明显的实质性进展”“国家安全体系和能力全面加强，基本实现国防和军队现代化”等。未来五年是全面建设社会主义现代化国家开局起步的关键时期，对于实现第二个百年奋斗目标至关重要。这个时期最重要的任务就是要紧紧抓住解决不平衡不充分的发展问题，着力在补短板、强弱项、固底板、扬优势上下功夫。党的二十大报告围绕全面建设社会主义现代化国家进行了重点部署，提出解决问题的新思路新举措，就是要在十二个方面有更大的作为：加快构建新发展格局，着力推动高质量发展；实施科教兴国战略，强化现代化建设人才支撑；发展全过程人民民主，保障人民当家作主；坚持全面依法治国，推进法治中国建设；推进文化自信自强，铸就社会主义文化新辉煌；增进民生福祉，提高人民生活品质；推动绿色发展，促进人与自然和谐共生；推进国家安全体系和能力现代化，坚决维护国家安全和社会稳定；实现建军一百年奋斗目标，开创国防和军队现代化新局面；坚持和完善“一国两制”，推进祖国统一；促进世界和平与发展，推动构建人类命运共同体；坚定不移全面从严治党，深入推进新时代党的建设新的伟大工程。

（六）中国式现代化的重大原则

我们党自成立以来，团结带领中国人民所进行的一切奋斗，就是为了把我国建设成为社会主义现代化强国，实现中华民族伟大复兴。党的二十大报告要求，在以中国式现代化推进中华民族伟大复兴的新征程上，要深入理解中国式现代化的本质要求，牢牢把握推进中国式现代化的重大原则。一是坚持和加强党的全面领导——发挥中国式现代化的最大优势。以中国式现代化全面推进中华民族伟大复兴，必须坚决维护习近平总书记党中央的核心、全党的核心地位，坚决维护党中央权威和集中统一领导，把党的领导落实到党和国家事业各领域各方面各环节，确保我国社会主义现代化建设正确方向，确保拥有团结奋斗的强大政治凝聚力、发展自信心，集聚起万众一心、共克时艰的磅礴力量。二是坚持中国特色社会主义道路——牢牢把握中国式现代化的正确方向。坚持中国特色社会主义，是中国式现代化同西方现代化的根本区别。以中国式现代化全面推进中华民族伟大复兴，必须坚持以经济建设为中心，坚持四项基本原则，坚持改革开放，坚持独立自主、自力更生，坚持道不变、志不改，坚持把国家和民族发展放在自己力量的基点上，坚持把中国发展进步的命运牢牢掌握在自己手中。三是坚持以人民为中心的发展思想——始终明确中国式现代化的出发点和落脚点。以中国式现代化全面推进中华民族伟大复兴，就是要维护人民根本利益，增进民生福祉，不断实现发展为了人民、发展依靠人民、发展成果由人民共享，让现代化建设成果更多更公平惠及全体人民。四是坚持深化改革开放——不断增强中国式现代化的动力。推进中国式现代化，必须深入推进改革创新，坚定不移扩大开放，着力破解深层次体制机制障碍，不断彰显中国特色社会主义制度优势，不断增强社会主义现代化建设的动力和活力，把我国制度优势更好转化为国家治理效能。五是坚持发扬斗争精神——凝聚中国式现代化的强大精神力量。当前，我们比历史上任何时期都更接近、更有信心和能力实现中华民族伟大复兴的目标。同时，前进道路上我们面临的风险考验只会越来越复杂，甚至会遇到难以想象的惊涛骇浪。这就要求我们要不断增强全党全国各族人民的志气、骨气、底气，攻坚克难，统筹发展和安全，不断夺取全面建设社会主义现代化国家新胜利。

（七）中国式现代化的重大关系

习近平总书记在学习贯彻党的二十大精神研讨班开班式上强调："推进中国式现代化是一个系统工程，需要统筹兼顾、系统谋划、整体推进，正确处理好顶层设计与实践探索、战略与策略、守正与创新、效率与公平、活力与秩序、自立自强与对外开放等一系列重大关系。"[①]习近平总书记的重要论述，充分体现了马克思主义唯物辩证的思想方法，是我们党对推进中国式现代化认识的进一步深化。第一，要把顶层设计与实践

① 习近平：《正确理解和大力推进中国式现代化》，《人民日报》2023年2月8日第1版。

探索有机结合。这既是一条重要经验，也是一种重要思维方法。中国特色社会主义进入新时代，以习近平同志为核心的党中央加强顶层设计、鼓励实践探索，在实现二者的有机结合、良性互动中推动诸多重大决策、重大改革落实落地、见行见效。推进中国式现代化，要坚持顶层设计与实践探索相结合，不断推动党和国家事业向前发展。在进行顶层设计时，要根据国内外形势的变化，准确把握人民群众的共同愿望，深入探索经济社会发展规律，使制定的规划和政策体系体现时代性、把握规律性、富于创造性，做到远近结合、上下贯通、内容协调。同时，推进中国式现代化是一项探索性事业，还有许多未知领域，需要我们尊重人民首创精神，在实践中大胆探索，努力创造可复制、可推广的鲜活经验，促进顶层设计与实践探索良性互动、相得益彰。第二，要把战略的原则性和策略的灵活性有机结合起来。正确运用战略策略是我们党推进革命、建设、改革的一条重要经验。推进中国式现代化是事关中华民族伟大复兴战略全局的宏大事业，我们既要善于把当前的问题放在历史长河中思考定位，保持历史耐心和战略定力，掌握战略主动权；又要脚踏实地做好自己的事情，积跬步以至千里。要正确处理好战略与策略的关系，涉及我国发展、安全的重大问题，涉及经济、政治、文化、社会、生态等各方面的重要工作，都要从战略上进行思考谋划，尤其需要以正确的策略、举措加以落实。一方面，要保持战略定力，对形成的战略长期坚持、坚定执行。另一方面，坚持以灵活机动的策略推进中国式现代化，把全局和局部、当下和长远结合起来，有针对性地拿出贯彻战略意图的工作方案，根据现实需要及时调整策略，实事求是分析新情况新问题，敏锐把握条件和形势的新变化，随机应变、因地制宜，确保党中央重大决策部署落到实处。第三，要把握守正与创新的辩证统一。守正创新是新时代的鲜明气象，也是习近平新时代中国特色社会主义思想的显著标识。守正创新，就是根据事物发展的内在要求，在遵循客观规律的基础上形成新判断、进行新创造、推动新进步。守正，就要在推进中国式现代化进程中，守好这些中国特色、本质要求、重大原则，坚持党的基本理论、基本路线、基本方略，坚持党的十八大以来的一系列重大方针政策，确保中国式现代化的正确方向，不断开创中国式现代化新局面。同时，推进中国式现代化是一项前无古人的开创性事业、探索性事业，还有许多未知领域，需要我们在实践中去大胆探索，把创新摆在国家发展全局的突出位置，顺应时代发展要求，大力推进理论创新、实践创新、制度创新、文化创新以及其他各方面创新，不断开辟发展新领域新赛道，不断塑造发展新动能新优势。第四，要统筹兼顾效率与公平。一个国家要实现现代化，必须实现经济增长。从社会经济活动来看，效率主要表现为经济增长，公平则更多体现在收入分配上。公平要建立在效率的基础上，效率也要以公平为前提才能够持续。一方面，必须不断提高经济效率，持续提升经济实力、释放社会活力，为全面建成社会主义现代化强国、实现人民对美好生活的向往奠定坚实物质基础；另一方面，要让每个人都有机会分享改革发展成果、参与到现代化进程中来，统筹兼顾地处理好效率与公平的关系。以习近平同志为核心的党中央提出并贯彻落实新发展理念，着力推动高质量发展，加快构建新发展格局，实施供给侧结构性改革，制定一系列具有全局性意义的区域重大战略，我国经济实力、科技实力、综合国力不断跃上新台阶。同时，构建初次分配、再分配、第三次分配协调配套的制度体系，推动居民收入增长和经济增长基本同步、劳动报酬提高与劳动生产率提高基本同步，促进基本公共服务均等化，健全社会保障体系，推动全体人民共同富裕取得更为明显的实质性进展。第五，要让社会既充满活力又安定有序。综观世界现代化发展历程，一个国家从传统社会走向现代社会，往往伴随着社会结构、社会关系、社会心理等多方面的深刻变化。处理好活力与秩序的关系，是一道世界性难题。新中国成立70多年来，中国共产党团结带领人民经过艰辛探索、付出巨大努力，创造了经济快速发展和社会长期稳定两大奇迹。推进中国式现代化，必须深入推进改革开放，激发全社会创新创造活力，为现代化建设注入源源不断的动力。要持续深化改革，更充分调动人民的积极性、主动性、创造性，更充分激发各类经营主体活力，鼓励各方面人才特别是青年人才创新创造，形成劳动创造财富、实干创造业绩、奋斗创造幸福的正确导向，使全社会形成改革创新活力竞相迸发、充分涌流的生动局面。要更好统筹发展和安全，贯彻总体国家安全观，健全国家安全体系，增强维护国家安全能力，坚定维护国家政权安全、制度安全、意识形态安全和重点领域安全。第六，要在自立自强中推进对外开放。坚持自立自强，坚定不移走自己的路，才能始终把我国发展进步的命运牢牢掌握在自己手中。坚持对外开放，才能深化拓展与世界的沟通交往、互利合作，既利用好全球市场和资源发展自己，又推动世界共同发展。扎实推进中国式现代化，需要统筹好国内国际两个大局，用好国内国际两种资源，正确处理自立自强与对外开放的关系，不断拓展中国式现代化的发展空间。任何时候，我们都要把国家和民族发展放在自己力量的基点上，守好中国式现代化的本和源、根和魂，要不断扩大高水平对外开放，深度参与全球产业分工与合作，为中国式现代化注入动力。只有在自立自强的前提下扩大对外开放，积极学习借鉴人类文明的一切有益成果，才能推动中国式现代化行稳致远。

（八）中国式现代化的世界意义

中国式现代化是开放性、包容性的现代化，既学习和借鉴人类创造的一切优秀文明成果，也为推动人类文明进步提供中国智慧、中国方案和中国力量。第一，中国式现代化创新发展了世界现代化理论。中国式现代化开辟了一条社会主义现代化的成功之路，打破了已有的现代化认知偏见，创新了世界现代化理论，主要体现在：在无产阶级政党执政、实行生产资料公有制、人民当家作主的社会主义国家探索现代化，形成了社会主义现代化道路，与资本主义现代化道路有着本质的区别。在中国共产党领导下，坚持和发展中国特色社会主义，以全面建成社会主义现代化强国、实现中华民族伟大复兴为目标，通过改革开放，建设社会主义市场经济、社会主义民主政治、社会主义先进文化、社会主义和谐社会、社会主义生态文明，促进人的全面发展和社会全面进步，逐步实现全体人民共同富裕，充分体现社会主义的本质。中国式现代化理论体系为深刻理解中国式现代化的理论本质、全面建设社会主义现代化国家提供了根本遵循。第二，中国式现代化为发展中国家实现现代化提供了全新选择。各国的历史条件、现实国情不同，决定了现代化发展道路的多样性。中国共产党领导全国人民从基本国情出发，坚持独立自主，成功探索出了一条不同于西方的现代化新路。中国式现代化道路的原创性，充分体现了“后发优势”，重新标识了现代化的内涵。中国式现代化改写了现代化的理论架构，消除了西方现代化进程中的种种悖论。中国式现代化致力于和平发展、互利共赢，旗帜鲜明地反对霸权主义强权政治，以其平等开放打破了西方现代化的自利排他性。中国式现代化始终与广大发展中国家息息相通。中国式现代化道路是中国特色社会主义现代化建设的特殊规律与人类致力于现代化一般规律的辩证统一，蕴含着人类现代化进程的普遍经验和智慧。中国以自己成功的现代化道路向世界证明，经济文化相对落后的国家完全可以从本国实际出发，选择符合本国国情的发展道路，独立自主地走向现代化。第三，中国式现代化创造发展了人类文明新形态。中国实现现代化，意味着比现在所有发达国家人口总和还要多的中国人民将进入现代化行列，这是人类历史上的伟大壮举。从历史实践看，人类文明新形态是古老的中华文明在中国特色社会主义中的延续、更迭和创新，是社会主义文明形态的转型和升华，是对资本主义文明形态的超越，拓展了人类文明进步的广阔空间，而且人类命运共同体理念继承了马克思“世界历史”理论，并对这一理论有着极大的丰富和发展。可见，中国式现代化不仅极大地改变了中国，而且深刻改变了世界面貌和格局，创造了人类文明新形态。

三、中国式现代化视野下的乡村振兴

党的十九大提出实施乡村振兴战略，党的二十大对全面推进乡村振兴作出战略部署。全面推进乡村振兴、实现农业农村现代化是中国式现代化的题中之义。党的二十大闭幕后，习近平总书记在陕西省延安市和河南省安阳市考察时强调，全面建设社会主义现代化国家，最艰巨最繁重的任务仍然在农村。要全面学习贯彻党的二十大精神，坚持农业农村优先发展，发扬延安精神和红旗渠精神，巩固拓展脱贫攻坚成果，全面推进乡村振兴，为实现农业农村现代化而不懈奋斗①。从中国式现代化的特征和进程看，全面推进乡村振兴、实现农业农村现代化是中国式现代化的重要一环。

（一）“人口规模巨大的现代化”必然要求要以乡村共同富裕推进中国式现代化

在人口规模巨大的现代化实践下，乡村振兴是中国式现代化的最核心组成部分。人口规模巨大的现代化必须处理好人与自然之间的关系，决定了乡村振兴必须在提高农村居民生活水平的基础上，把乡村产业发展、乡村建设同保护生态环境结合起来，创新发展模式，走自己的生态安全乡村振兴道路。人口规模巨大的现代化的最大挑战和难题是处理好幅员辽阔、各地发展不平衡造成的城乡差距、地区差距、不同群体之间的差距问题。乡村振兴的根本目标就在于通过全面振兴使广大乡村走上共同富裕的发展道路，从而促进城乡平衡发展，缩小区域、群体差距。人口规模巨大的现代化必然是全国各族人民的现代化，乡村振兴就是要创造条件使居住在农村的各个民族参与到现代化进程中，在实现现代化进程中推动各民族走向共同富裕，不断铸牢中华民族共同体意识。人口规模巨大的现代化必须有

① 《全面推进乡村振兴　为实现农业农村现代化而不懈奋斗》，《人民日报》2022年10月29日第1版。

效应对人口老龄化，乡村是应对人口老龄化最薄弱的环节，面临着严峻的挑战，只有通过乡村振兴进一步完善各项社会保障、社会福利、社区设施建设，完善家庭结构，才能实现乡村老年人享有幸福的晚年生活。

（二）“全体人民共同富裕的现代化”必然要求要以高质量乡村振兴推进中国式现代化

实现全体人民共同富裕，最终要靠发展。只有坚持高质量发展，把蛋糕做大做好，才能为共同富裕创造条件。与此同时，坚持完善分配方式、构建分配协调配套的制度体系，持续增加居民收入。乡村振兴，关键是产业要振兴，就业有保障。大力发展乡村特色产业，大力发展农村新产业新业态，促进一二三产业融合发展，完善联农带农机制，让农民合理分享全产业链增值收益。

（三）“物质文明和精神文明相协调的现代化”必然要求要以乡村振兴带动乡风文明促进中国式现代化

新农村文化体系打造、特色文化变现是乡村振兴的重要组成部分。实现国家强盛、民族复兴既需要物质文明的积累，也需要精神文明的升华。全面推进乡村振兴要立足新发展阶段，贯彻新发展理念，构建新发展格局，推动乡村高质量发展，高效实施乡村建设行动方案，为全面建设社会主义现代化国家提供坚实的物质支撑。同时，要切实把精神文明建设各项任务贯穿乡村“五个振兴”、城乡融合发展全过程，不断满足乡村群众日益增长的精神文化需求，传承发展提升我国农耕文明，以乡村文化兴盛之路推进中国式现代化进程。

（四）“人与自然和谐共生的现代化”必然要求要以乡村振兴实现人与自然和谐共生推进和拓展中国式现代化

乡村振兴要坚持山水林田湖草沙一体化保护和系统治理，建立生态产品价值实现机制，完善生态保护补偿制度。发展绿色低碳产业，深化推进生态产业化、产业生态化发展，加快节能降碳先进技术在乡村振兴中的推广应用，推动形成绿色低碳的乡村生产方式和生活方式，加快新技术应用，发展智慧农业，大力建设数字乡村。牢牢守住18亿亩耕地红线，逐步把永久基本农田全部建成高标准农田。走生产发展、生活富裕、生态良好的乡村文明发展道路。

习近平总书记指出，新时代“三农”工作必须围绕农业农村现代化这个总目标来推进。长期以来，为解决好吃饭问题，我们花了很大精力推进农业现代化，取得了长足进步。相比较而言，农村在基础设施、公共服务、社会治理等方面差距相当大。农村现代化既包括“物”的现代化，也包括“人”的现代化，还包括乡村治理体系和治理能力的现代化。我们要坚持农业现代化和农村现代化一体设计、一并推进，实现农业大国向农业强国跨越①。没有农业农村现代化，就没有整个国家现代化。要举全党全社会之力推动乡村振兴，促进农业高质高效、乡村宜居宜业、农民富裕富足②。以习近平总书记关于“三农”工作的重要论述和中国式现代化理论为指引，以农业高质高效发展推进农业现代化、以乡村宜居宜业建设为中心推进农村现代化、以农民富裕富足为目标推进农民现代化的发展目标、进程及路径，实际上就是中国式现代化的乡村振兴道路的综合呈现。

---

① 习近平：《把乡村振兴战略作为新时代“三农”工作总抓手》，《求是》2019年第11期。

② 《坚持把解决好“三农”问题作为全党工作重中之重　促进农业高质高效乡村宜居宜业农民富裕富足》，《人民日报》2020年12月30日第1版。

知识链接

数字乡村是伴随网络化、信息化和数字化在农业农村经济社会发展中的应用，以及农民现代信息技能的提高而内生的农业农村现代化发展和转型进程，既是乡村振兴的战略方向，也是建设数字中国的重要内容。近年来，我国高度重视数字乡村建设。2018年中央一号文件首次提出实施“数字乡村战略”，2020年启动国家数字乡村试点。此外，国家还发布《数字乡村发展战略纲要》《数字乡村发展行动计划（2022—2025年）》等政策文件。截至2023年6月，我国农村网民规模达3.01亿；乡村互联网基础设施建设全面覆盖，实现“县县通5G、村村通宽带”；数字技术在农业生产和乡村治理领域广泛应用，乡村电商快速发展，为加快乡村振兴提供了有利条件。

2 全面推进乡村振兴是在什么时代背景下提出的?

2017年，习近平总书记在党的十九大报告中提出实施乡村振兴战略，核心要义是坚持农业农村优先发展，按照产业兴旺、生态宜居、乡风文明、治理有效、生活富裕的总要求，建立健全城乡融合发展体制机制和政策体系，加快推进农业农村现代化。2021年脱贫攻坚取得胜利后，中央决定要全面推进乡村振兴，这是“三农”工作重心的历史性转移。在乡村振兴战略实施五年之后，2022年，党的二十大对全面推进乡村振兴进行新的决策部署，系统阐述了全面推进乡村振兴、加快农业农村现代化、建设农业强国的新要求。准确理解这一部署的时代背景，无疑是学习领会党的二十大精神，扎实推进中国式现代化下乡村振兴高质量发展的思想基础。

乡村振兴战略是2017年在党的十九大报告中提出的。乡村振兴战略提出以来，在党中央、国务院的坚强领导和习近平新时代中国特色社会主义思想指引下，党对乡村振兴的全面领导持续加强，乡村振兴战略制度框架持续健全，规划体系、政策体系、工作体系和考核机制持续完善，乡村产业、人才、文化、生态、组织振兴持续推进，乡村振兴实现良好开局。

一、乡村振兴战略全面推进

党的十九大以来，各地各部门贯彻落实习近平总书记重要论述，统筹推进产业、人才、文化、生态、组织“五个振兴”，促进城乡融合发展，实现了乡村振兴良好开局。

推进产业振兴。产业振兴是乡村振兴的重中之重，是解决农村一切问题的前提。促进产业振兴的政策体系初步形成:《中华人民共和国乡村振兴促进法》《乡村振兴战略规划（2018—2022年）》对产业振兴有专门阐述，《全国乡村产业发展规划（2020—2025年）》《关于推动脱贫地区特色产业可持续发展的指导意见》《中央财政衔接推进乡村振兴补助资金管理办法》《中共中央　国务院关于全面推进乡村振兴加快农业农村现代化的意见》等政策文件，都对发展特色产业、促进产业融合发展、完善联农益农机制提出明确要求。按照中央部署，各地持续激发乡村资源要素活力，持续培育乡村产业经营主体，持续提升农村就业创业质量，持续建设集聚融合发展平台，乡村产业发展加快，农文旅深度融合发展，农村电商蓬勃发展，乡村特色产业传承发展。农业供给侧结构性改革深入推进，农业质量、效益和竞争力不断提高。全国粮食产量稳定在1.3万亿斤以上，棉油糖、肉蛋奶等主要农产品供给充裕。现代农业产业体系、生产体系、经营体系日益完善，农业发展实现质量变革、效率变革、动力变革。彰显地域特色和乡村价值的产业体系加快构建，农产品初加工、精深加工、综合利用协调发展。农村一二三产业深度融合，休闲观光、农村电商等新产业新业态蓬勃发展，农村创新创业活力不断激发。

推进人才振兴。全面推进乡村振兴，人才支撑是关键。中共中央办公厅、国务院办公厅2021年初印发了《关于加快推进乡村人才振兴的意见》，各地各部门认真贯彻落实党中央、国务院决策部署，把人力资本开发放在首要位置，制定《“十四五”农业农村人才队伍建设发展规划》等政策文件，促进人才返乡、下乡、兴乡，为推进乡村振兴提供智力支撑。一是健全人才入乡机制。完善人才入乡激励机制，实行乡村人才定向培养机制。二是加强农民教育培训。分类培养了一批种养加专业能手、新型农业经营主体、乡村治理骨干力量，实施高素质农民学历提升行动计划。三是优化乡村营商环境，留住人才。四是搭建干事创业平台。

推进文化振兴。乡村振兴，乡风文明是保障。实践表明，乡村文化具有的经济功能有力促进产业发展，乡村文化具有的秩序功能有力推动乡村治理，乡村文化具有的生态功能有力促进美丽乡村建设，乡村文化具有的政治功能有力促进民族合力凝聚。各地各部门持续弘扬社会主义核心价值观，推动移风易俗；持续增强农民对乡村文化的认同，增强他们的文化自信；保护好文物古迹、传统村落、民族村寨、传统建筑、农业遗迹、灌溉工程遗产，支持农村地区优秀曲艺、少数民族文化、民间文化等传承发展，把民族民间文化元素融入乡村建设，丰富农村文化业态；持续加大文化振兴投入力度，满足农民的精神文化需求；持续加强乡村文化建设，实现乡村传统文化的创造性转化和创新性发展；持续激发文化振兴的内生力量，激发空心村的活力；持续加大对乡村基层人员培训力度，保障文化振兴人才队伍的稳定性和持续性。

推进生态振兴。乡村振兴，生态宜居是关键。生态振兴就是全面提升农村环境、产业、文化、治理等，将农村打造成为人与自然、人与人和谐共生的美丽家园，构建人与自然和谐共生的乡村发展新格局。生态振兴的目标，就是要实现既要有优美的自然环境作为基础，又要有良好的生态经济作为保障的乡村经济社会可持续发展。各地各部门以生态宜居美丽乡村建设为目标推进乡村生态振兴：充分发挥规划引领作用，做到先规划后建设；转变生产生活方式，坚持生产生活生态有机融合；做到软硬件并举，保护与发展并重；加强农村基础设施和公共服务、体系建设，大力推进基础设施和公共服务向乡村延伸，逐步缩小城乡差距；牢固树立和践行绿水青山就是金山银山的理念，推动农业绿色发展、乡村生态振兴取得积极进展。

推进组织振兴。乡村振兴，治理有效是基础。2018年印发的《中共中央 国务院关于实施乡村振兴战略的意见》就乡村组织振兴进行了部署：一是加强农村基层党组织建设，二是深化村民自治实践，三是建设法治乡村，四是提升乡村德治水平，五是建设平安乡村。各地各部门首先把培育优化乡村振兴的组织力量作为组织振兴的根本举措。着力提升乡镇党委统筹能力，促使班子整体活力和战斗力显著增强；着力提升村级党组织治理能力，真正使农村基层党组织说话有人听、办事有人跟。各地不断创新基层“党建+治理”的工作模式，完善“综治中心+网格化+信息化”治理体系，不断提高基层治理社会化、法治化、智能化、专业化水平。党委领导、政府负责、社会协同、公众参与、法治保障的现代乡村社会治理体制建立健全，充满活力、和谐有序的乡村加快发展。农村土地制度、集体产权制度等重大改革持续深化，乡村发展内生动力不断增强。

乡村振兴战略实施形成新格局。自党的十九大提出实施乡村振兴战略以来，党对乡村振兴的全面领导不断加强，乡村产业、人才、文化、生态、组织振兴全面推进。乡村振兴和新型城镇化双轮驱动、协同发展，乡村生产生活生态空间布局更加优化；脱贫攻坚战取得全面胜利，巩固拓展脱贫攻坚成果衔接乡村振兴的长效机制基本建立；农村水电路通信等基础设施提速建设、提档升级，农村发展短板加快补齐，农民收入水平不断提高，城乡融合发展有序推动，为扎实推动农民农村共同富裕奠定了坚实基础。

二、全面推进乡村振兴是新时代建设农业强国的重要任务

习近平总书记指出：“建设农业强国是一项长期而艰巨的历史任务，要分阶段扎实稳步推进，以钉钉子精神锲而不舍干下去。当前要把重点放在全面推进乡村振兴上，多做打基础、利长远的事情。”[①]“建设农业强国，当前要抓好乡村振兴。‘三农’工作重心已经实现历史性转移，人力投入、物力配置、财力保障都要转移到乡村振兴上来。”[②]

全面推进乡村振兴，通过坚决守住“两条底线”为建设农业强国奠定基础。一是牢牢守住保障国家粮食安全底线。保障粮食和重要农产品稳定安全供给始终是建设农业强国的头等大事，是全面推进乡村振兴的目标和基础。二是坚决守住不发生规模性返贫底线。完善监测帮扶机制，包括：针对农村低收入人群的“两不愁三保障”及收入的动态监测机制；预防返贫致贫的精准识别机制；政府、市场、社会资源统筹，事前预防与事后帮扶、开发式帮扶与保障性措施、外部帮扶与群众自我发展相结合的产业就业帮扶、综合保障与临时救助帮扶、扶志扶智帮扶及其他帮扶多措并举的综合帮扶机制。

全面推进乡村振兴，通过统筹推进“三个乡村”推动农业强国建设。一是聚焦产业促进乡村发展。做好土特产文章，依托农业农村特色资源，向开发农业多种功能、挖掘乡村多元价值要效益，向一二三产业融合发展要效益，强龙头、补链条、兴业态、树品牌，推动乡村产业全链条升级，增强市场竞争力和可持续发展能力[③]。二是扎实稳妥推进乡村建设行动。

---

① 习近平：《加快建设农业强国　推进农业农村现代化》，《求是》2023年第6期。

② 同上。

③ 《锚定建设农业强国目标　切实抓好农业农村工作》，《人民日报》2022年12月25日第1版。

坚持数量服从质量、进度服从实效，求好不求快，做到先规划后建设，乡村建设规划要体现遵循因地制宜理念，突出地域特色。三是加强和改进乡村治理。着力完善党组织领导的自治、法治、德治相结合的乡村治理体系，让农村既充满活力又稳定有序。着力提升农村基层党员干部的战斗力，着力加强农村基层党组织的领导力，着力提高农村基层权力运用的约束力。

全面推进乡村振兴，通过持续激发乡村振兴新动能为建设农业强国提供发展动力。一是坚定不移深化农村改革。以处理好农民和土地的关系为主线，聚焦深化农村土地制度改革、巩固和完善农村基本经营制度、完善农业支持保护制度等重点领域和关键环节，有效解放和发展农村生产力，不断巩固和完善中国特色社会主义农村基本经济制度，为全面推进乡村振兴提供更有力的支撑。二是持续凝聚帮扶力量。完善东西部协作和对口支援帮扶，深化全方位合作；继续选派第一书记和工作队，进一步发挥其作用。三是着力促进数字乡村建设。四是强化基础设施和公共事业县乡村统筹，促进城乡融合发展。

三、扎实推动共同富裕的中国式现代化必须推进乡村全面振兴

全面推进乡村振兴，就是要协调推进农村经济建设、政治建设、文化建设、社会建设、生态文明建设和党的建设，解决好农业农村发展相对滞后问题，通过促进乡村全面发展补齐现代化进程中的短板，扎实推动共同富裕，加快中国式现代化的进程。

全面推进乡村振兴是有效缓解及解决社会主要矛盾的必然选择。从城乡发展的不平衡性看，整体而言，乡村发展落后于城市，只有实施乡村振兴战略，全面推进乡村振兴，才能够避免一边是越来越现代化的城市，一边却是越来越萧条的乡村景象。只有让乡村尽快跟上国家发展步伐，中华民族伟大复兴才有可能真正实现，这就是“民族要复兴，乡村要振兴”的含义。一方面，乡村振兴以持续巩固拓展脱贫攻坚成果为首要目标，守住

不发生规模性返贫底线，为解决社会主要矛盾奠定了基础。另一方面，实现巩固拓展脱贫攻坚成果同乡村振兴有效衔接，是解决社会主要矛盾的重要内容。脱贫攻坚有效衔接乡村振兴，前者的直接成效奠定了脱贫地区特别是脱贫村实现振兴的基础，后者推动脱贫地区尤其是脱贫村增强造血功能，稳定脱贫攻坚成果，逐步增收致富。

全面推进乡村振兴、促进乡村全面发展推动构建新发展格局，是中国式现代化的重要内容。首先，乡村振兴加快推进农业农村现代化进程，有助于发挥好“三农”基础在应变局与开新局中的压舱石作用。其次，乡村振兴大力促进农业多种功能拓展，有助于统筹发展与安全。再次，乡村振兴补齐农业农村发展短板，有助于缩小城乡发展的不平衡。最后，乡村振兴把乡村治理有效作为总要求之一，有助于夯实党在基层的执政基础。

全面推进乡村振兴是扎实推动共同富裕的有效路径。一方面，乡村振兴与共同富裕在发展方向、发展理念、推进逻辑等多个方面具有内在一致性。另一方面，乡村振兴以缩小乡村与城镇的发展差距、农民与市民的收入差距为重要目标，与共同富裕的方向一致。此外，乡村振兴还是破解共同富裕难点的唯一路径。具体体现在：以产业融合发展推动高质量乡村振兴，可以夯筑共同富裕经济基础；以数字乡村建设促进高质量乡村振兴，可以消除共同富裕数字鸿沟；以共同富裕引领乡村发展，有助于推进乡村全面振兴的高质量发展。

全面推进乡村振兴是加快农业农村现代化、实现中国式现代化的必然要求。乡村振兴是中国式现代化的最核心组成部分。没有农业农村现代化，就没有整个国家现代化。要举全党全社会之力推动乡村振兴，促进农业高质高效、乡村宜居宜业、农民富裕富足[①]。加快推进中国式现代化的乡村振兴道路，必须以习近平总书记关于“三农”工作的重要论述和中国

---

① 《坚持把解决好“三农”问题作为全党工作重中之重　促进农业高质高效乡村宜居宜业农民富裕富足》，《人民日报》2020年12月30日第1版。

式现代化理论为指引。一是乡村振兴通过农业高质高效发展加快农业现代化。乡村振兴守牢国家粮食安全底线，加强重要农产品供给保障能力建设；坚定不移推进农业供给侧结构性改革，积极发展设施农业，因地制宜发展林果业，推进农业绿色转型，全面提升农业质量效益水平；乡村振兴持续优化现代乡村产业体系，培育壮大乡村产业体系，打造农业全产业链，加快农村产业融合发展，大力发展乡村新产业新业态，推动农业提质增效，加快农业现代化。二是乡村振兴以乡村建设为抓手加快推进农村现代化。瞄准“农村基本具备现代生活条件”的目标，组织实施好乡村建设行动，特别是要加快防疫、养老、教育、医疗等方面的公共服务设施建设，提高乡村基础设施完备度、公共服务便利度、人居环境舒适度，让农民就地过上现代文明生活。大力实施乡村建设行动，加快推进农村现代化，总的是要牢固树立农业农村优先发展政策导向，以乡村振兴为农民而兴、乡村建设为农民而建为根本原则，把乡村建设摆在社会主义现代化建设的重要位置，加快推进乡村全面振兴。三是乡村振兴以宜居宜业和美乡村建设为载体加快推进农民的现代化。农业农村现代化归根到底是农民现代化，只有实现农民现代化才能实现乡村的振兴。中国式现代化本质上是以人民为中心的全面发展现代化，没有农民的现代化就没有人的全面发展现代化，没有农民的现代化就没有“五位一体”总体布局的现代化，没有农民的现代化就不可能实现国家治理的现代化。乡村振兴坚持把增加农民收入作为“三农”工作的中心任务，千方百计拓宽农民增收致富渠道；把强化集体所有制根基、保障和实现农民集体成员权利同激活资源要素统一起来，搞好农村集体资源资产的权利分置和权能完善，让广大农民分享更多现代化成果。通过健全基本公共服务体系，完善共建共治共享的社会治理制度，推动县域内城乡融合发展，持续缩小城乡区域发展差距，让低收入人口和欠发达地区共享发展成果，在现代化进程中不掉队、赶上来，扎实推动共同富裕，不断增强人民群众获得感、幸福感、安全感，促进农民的全面发展，实现全面现代化。

四、应对国际不确定不稳定风险挑战迫切需要全面推进乡村振兴

立足世界发展大势，顺应世界潮流，才能促进本国经济社会的发展。习近平总书记指出："世界正处于大发展大变革大调整时期。"[①]"世界处于百年未有之大变局。"[②]习近平总书记指明了当今世界发展的基本态势和时代特征。而这样的世情也决定了我国发展的格局和方式方法。其中，大力实施乡村振兴战略就是在世情变化的背景下以习近平同志为核心的党中央作出的重大战略部署。可见，习近平总书记对世界处于百年未有之大变局的科学论断，深刻揭示了当今世界的重大特征和深刻内涵，表明了新时代实施乡村振兴战略的必要性和紧迫性。

全面推进乡村振兴是由当今国际形势不断发生广泛而深刻变化、世界正经历百年未有之大变局的世情所决定的。一方面，从整个世界面临的一般形势来看，当今"世界面临的不稳定性不确定性突出"[③]，"黑天鹅事件"和"灰犀牛事件"时有发生。这就带来许多挑战和风险，要求我国必须做好自己的事情才能更好应对这些挑战和风险。而我国发展中存在的突出问题和短板就是"三农"问题，如果不能很好解决，就会影响我国整体发展，也就难以更好集中全国力量来对付不确定的各种风险和挑战。这就要求大力实施乡村振兴战略以解决"三农"问题。另一方面，从国际格局特殊形势来看，当今世界上依然有个别发达国家逆世界历史发展潮流而行，肆意插手他国内政，对世界和平稳定发展，尤其对我国发展构成一些明显的障碍、危险和挑战。如针对我国发动贸易战等，对我国粮食进口乃至粮食安全产生很大不良影响，不利于"三农"问题的早日解决。根据专

---

① 习近平：《决胜全面建成小康社会　夺取新时代中国特色社会主义伟大胜利——在中国共产党第十九次全国代表大会上的报告》，人民出版社，2017，第58页。

② 《坚持以新时代中国特色社会主义外交思想为指导　努力开创中国特色大国外交新局面》，《光明日报》2018年6月24日第1版。

③ 习近平：《决胜全面建成小康社会　夺取新时代中国特色社会主义伟大胜利——在中国共产党第十九次全国代表大会上的报告》，人民出版社，2017，第58页。

家分析，在中美贸易摩擦和新冠疫情的背景下，我国在进口大豆和玉米的过程中不仅遇到了选择性的困境，而且付出了巨额的成本。我国作为世界第一人口大国，人多地少的矛盾将长期存在，“三农”问题依然严重，需要进口大量粮食和油料。根据测算，我国的耕地资源只能满足国内2/3的粮食和油料需求。换言之，中国粮食和油料的自给率实际上只有2/3。也就是说，我国需求的粮食和油料的1/3都需要进口，特别是大豆基本上靠进口。在人多地少的矛盾约束下，我国粮食和油料大量需要靠进口的现状表明，在世界百年未有之大变局背景下，国际局势动荡不定将会给我国的粮食和油料进口带来许多变数，我国的粮食安全形势严峻。不仅如此，粮食问题牵一发而动全身。民以食为天，粮食问题是关系我国发展的基本问题。粮食问题不仅涉及中国人的饭碗问题，而且关系着党和国家的长治久安、人民的幸福安康。为此，习近平总书记多次强调指出："中国人的饭碗任何时候都要牢牢端在自己手上。"[①]而要端牢中国人自己的饭碗，在世界百年未有之大变局背景下，只靠国际进口是靠不住的。必须大力发展农业生产，才能确保我国的粮食安全。像粮食安全这样的问题，涉及我国发展的软肋，即“三农”问题。粮食问题的有效解决有赖于“三农”问题的有效解决。

全面推进乡村振兴，对于确保经济社会平稳健康发展和社会大局稳定、推进实现第二个百年奋斗目标具有基础性和决定性作用。第一，全面推进乡村振兴是在复杂国际背景下确保我国的粮食安全及其他方面的安全的重要手段。这是我国在国际舞台站稳脚跟的必然选择，也是我国实现农业强国的迫切要求。正是在此国际背景下，习近平总书记明确提出要全面推进与实施乡村振兴战略，从而有效确保我国的粮食安全，也能够很好地应对当今世界百年未有之大变局对我国“三农”发展带来的各种风险与考验。第二，现阶段我国发展最大的不平衡是城乡发展不平衡，最大的不充

① 《习近平总书记系列重要讲话读本》，学习出版社、人民出版社，2014，第82页。

分是农村发展不充分。坚持农业农村优先发展，实施乡村振兴战略，是解决不平衡不充分发展的根本之策，是系统解决经济结构性体制性矛盾、发展不平衡不充分不协调不可持续问题的必然选择，是实现共同富裕、全面建设社会主义现代化国家的必由之路。全面推进乡村振兴，有利于整体提升农业、农村和农民的发展水平，有利于从根本上实现城乡均衡发展、农业充分发展、农民全面发展，有利于促进共同富裕目标的实现。第三，全面推进乡村振兴将有力推进中国式现代化进程。实施乡村振兴战略是推进并实现我国农村现代化的战略布局，是以一二三产业融合为核心的经济现代化、以农民为中心的内生现代化、以农民再组织化为途径的现代化，最终实现农业农村的现代化。通过推进农业供给侧结构性改革，把各种现代元素注入农业农村，推动农业农村的历史性变革，实现农村社会的一二三产业融合、城乡融合以及生产要素集合，把现代农业的食物保障、原料供给、就业收入、生态保育、文化传承等多重功能进行有效融合，从而形成新的发展动力，为中国式现代化推进提供动力支撑。第四，全面推进乡村振兴是解决新时代中国社会主要矛盾、实现党的宗旨和社会主义本质要求的具体实践。中国共产党的根本宗旨是全心全意为人民服务，中国特色社会主义的本质要求是共同富裕。中国共产党始终坚持以人民为中心，把人民放在至上位置，践行立党为公、执政为民的执政宗旨，扎实推动共同富裕。全面推进乡村振兴，是确保亿万农民在全面建设社会主义现代化国家新征程中不掉队，确保共同富裕目标实现的必由之路。实施乡村振兴战略是实现中华民族伟大复兴的重要支撑。实现中华民族伟大复兴，就是要实现中国强、中国美、中国富，而全面推进乡村振兴的目标正是实现农业强、农村美、农民富。前者是后者的引领和带动，后者是前者的重要内容、具体呈现和重要标志。实施乡村振兴战略，着力补齐农业农村短板，满足广大人民日益增长的美好生活需要，根本目的在于更好地为人民服务，充分发挥人民群众的主体作用，让人民群众更充分地共享发展成果。第五，全面推进乡村振兴是构建人类文明新形态的重要实践。在发展中处理好城乡关系，一直是现代化发展的世界性难题。中国的乡村振兴，是要通过重塑城乡关系，坚持以工补农、以城带乡，逐渐形成工农互促、城乡互补、全面融合、共同繁荣的新型工农城乡关系格局。坚持工农互补理念，把实施乡村振兴战略与城市化工业化发展结合起来，相互促进、共同提高，为乡村更好地建设与发展提供了路径选择。

知识链接

国家统计局发布的数据显示，2023年全国粮食播种面积11896.9万公顷，比2022年增加63.6万公顷，增长0.5%。其中谷物播种面积9992.6万公顷，比2022年增加65.8万公顷，增长0.7%。全国粮食总产量69541万吨，比2022年增加888万吨，增长1.3%。其中谷物产量64143万吨，比2022年增加819万吨，增长1.3%。全国粮食再获丰收，为应对复杂严峻国际环境、战胜各种风险挑战奠定了坚实基础，为稳定全球粮食市场和食物安全作出了积极贡献。

3 如何理解全面推进乡村振兴的行动指南?

新时代十年的伟大变革证明，习近平总书记关于“三农”工作的重要论述是一个全面系统、逻辑严密、博大精深、动态发展的科学理论体系，深刻回答了为什么要振兴乡村、怎样振兴乡村等一系列重大理论和实践问题，是新发展理念在农业农村工作中的全面贯彻，是中国特色社会主义道路在农村的创新实践，是党领导“三农”工作百年实践探索的新发展新总结，是习近平新时代中国特色社会主义思想的重要组成部分，为新时代新征程做好“三农”工作提供了根本遵循，为全面推进乡村振兴提供了行动纲领。这一行动纲领内涵丰富、思想深邃、逻辑严密，是一套完整的科学思想体系。全面推进乡村振兴需要科学理论指引。全面推进乡村振兴的行动纲领的丰富内涵如何理解？有哪些实践要求？理解这些是科学运用行动纲领指导实践的前提，有助于全面推进乡村振兴、推进农业农村现代化、建设农业强国。

实施乡村振兴战略，是习近平总书记从党和国家事业发展全局出发，着眼于“两个一百年”奋斗目标，顺应亿万农民对美好生活的向往作出的重大战略决策。习近平总书记把乡村振兴战略作为全党工作的重中之重，不断推进乡村振兴工作的理论创新、实践创新和制度创新，提出了一系列新理念、新思想和新战略，形成了思想深邃、内涵丰富的习近平总书记关于“三农”工作的重要论述。这一论述作为我们党关于“三农”工作的最新理论成果，作为习近平新时代中国特色社会主义思想的重要组成部分，有其形成的必然逻辑，也是顺应时代发展的必要要求，为新时代农业农村改革发展提供了科学指南和基本遵循。从理论维度准确理解全面推进乡村振兴行动纲领的丰富内涵，是科学运用这一行动纲领指导和推动实践的前提。

一、理解全面推进乡村振兴的总目标

习近平总书记指出:“我在党的十九大报告中对乡村振兴战略进行了概括，提出要坚持农业农村优先发展，按照产业兴旺、生态宜居、乡风文明、治理有效、生活富裕的总要求，建立健全城乡融合发展体制机制和政策体系，加快推进农业农村现代化。这其中，农业农村现代化是实施乡村振兴战略的总目标，坚持农业农村优先发展是总方针，产业兴旺、生态宜居、乡风文明、治理有效、生活富裕是总要求，建立健全城乡融合发展体制机制和政策体系是制度保障。”①这明确了实施乡村振兴战略的总目标就是农业农村现代化。

---

① 《把乡村振兴战略作为新时代“三农”工作总抓手》,《求是》2019年第11期。

（一）加快推进农村现代化

我们党历来高度重视解决“三农”问题。党的十八大以来，以习近平同志为核心的党中央坚持把解决好“三农”问题作为全党工作的重中之重，把脱贫攻坚作为全面建成小康社会的标志性工程。新时代脱贫攻坚目标任务如期完成，现行标准下农村贫困人口全部脱贫，贫困县全部摘帽，易地扶贫搬迁任务全面完成，消除了绝对贫困和区域性整体贫困，创造了人类减贫史上的奇迹。要做好巩固拓展脱贫攻坚成果同乡村振兴的有效衔接，推进实施乡村振兴战略，统筹推进工农城乡协调发展。我国农业农村工作取得历史性成就，农民收入持续提高，农村社会和谐稳定，为党和国家战胜各种艰难险阻、稳定经济社会发展大局，发挥了“压舱石”作用。党的十九届五中全会审议通过的《中共中央关于制定国民经济和社会发展第十四个五年规划和二〇三五年远景目标的建议》，首次提出“实施乡村建设行动”，强调把乡村建设作为“十四五”时期全面推进乡村振兴的重点任务，放在社会主义现代化建设的重要位置。

加强乡村公共基础设施建设。继续把公共基础设施建设的重点放在农村，通过实施农村道路畅通工程、农村供水保障工程、乡村清洁能源建设工程、数字乡村建设发展工程和村级综合服务设施提升工程，抓好农村在交通运输、农田水利、农村饮水、乡村物流、宽带网络等方面的基础设施建设，加快补齐目前存在的突出短板，为乡村经济社会数字化和智慧化转型发展提供有力支撑，逐渐形成布局合理、城乡互通的基础设施体系，满足农村居民对高质量农业生产、高品质美好生活的现实需要。通过开展美丽宜居村庄和美丽庭院示范创建活动，分类有序推进农村厕所革命，因地制宜开展生活垃圾处理和污水治理，改善农村人居环境，不断提升村容村貌。

推动城乡基本公共服务均等化。加大对落后地区公共服务的投入力度，提高乡村公共服务的有效供给，尤其是乡村对于公共医疗卫生、社会保障、社区养老等社会性公共服务的需求，提高农村教育质量，多渠道增加农村普惠性教育资源供给，完善农村特殊教育保障机制，发展职业技术教育与技能培训。全面推进健康乡村建设，持续提升县级疾控机构应对重大疫情及突发公共卫生事件的能力，加强对妇幼、老年人、残疾人等重点人群的健康服务。健全统筹城乡的就业政策和服务体系，推动公共就业服务机构向乡村延伸。推进城乡公共文化服务体系一体化建设，创新实施文化惠民工程，促进区域基本公共服务质量水平有效衔接。

用特色优势赋能乡村建设。推进乡村建设要从农村发展实际出发，立足自然特征和文化特色，因势利导，将绿水青山转化为金山银山，实现人与自然和谐共生，深挖中华优秀传统文化，打造与自然景观相融合的文旅产品，增强乡村文化吸引力和感染力，倡导文明新风，涵养文明乡风。

（二）加快推进农业现代化

2016年10月国务院印发的《全国农业现代化规划（2016—2020年）》，围绕农业现代化的关键领域和薄弱环节，提出创新强农、协调惠农、绿色兴农、开放助农、共享富农五大发展任务，明确构建现代农业产业体系、生产体系、经营体系，走产出高效、产品安全、资源节约、环境友好的农业现代化道路。“十三五”期间，我国农业现代化迈上新台阶，实现了由改造传统农业向建设现代农业的转变，由一家一户分散经营向多元化适度规模经营的转变，由粗放发展向绿色生态可持续发展的转变，整体处于转型跨越初期阶段。2021年中央一号文件《中共中央　国务院关于全面推进乡村振兴加快农业农村现代化的意见》指出，到2025年现代乡村产业体系基本形成，有条件的地区率先基本实现农业现代化；强调要以保障农产品有效供给、促进农民持续较快增收和农业可持续发展为目标，走具有中国特色的农业现代化道路。

强化现代农业科技支撑，确保国家粮食安全。坚决守住18亿亩耕地红线，解决好十几亿人的吃饭问题始终是治国安邦的头等大事，是农业发展的首要任务。坚持农业科技自立自强，强化现代农业科技和物质装备支撑，用现代科学技术服务农业，用现代生产方式改造农业，让农业变得更智慧。

调整优化农业产业结构，促进农村产业融合发展。突出抓好家庭农场和农民合作社两类经营主体，鼓励发展多种形式适度规模经营。实施家庭农场培育计划，把农业规模经营户培育成有活力的家庭农场。推进农民合作社质量提升，加大对运行规范的农民合作社扶持力度。通过“公司+合作社+农户”“公司+基地+农户”等农企融合共赢模式，构建紧密利益联结机制，将农民特别是贫困家庭劳动力安排到产业组织和产业链中，带动农民积极参与融合发展，实现稳定增收。依托乡村特色优势资源，打造农业全产业链，把产业链主体留在县城，让农民更多分享产业增值收益，以农产品加工业和农村“双创”为重点促进产业融合发展，发展特色产业、休闲农业、乡村旅游、农村电商等新产业新业态。

协同“内育”和“外引”，汇聚农业农村现代化人才资源。大力培养有文化、懂技术、善经营、会管理的高素质农民队伍，提升农民自我发展能力，充分发挥农民在乡村振兴中的主体作用，是推进农业农村现代化的内在要求。把坚持农民主体地位落实到位，充分调动广大农民群众的积极性和主动性，真正让他们成为乡村振兴的建设者和受益者。强化人才的外部支撑，引导高校毕业生、科技工作者和企业家等群体返乡创业创新，建立引导和鼓励高校毕业生到基层工作真正“留得住，干得好”的长效机制，激励更多有志青年服务乡村振兴。

二、理解坚持城乡融合发展的根本途径

习近平总书记指出：“振兴乡村，不能就乡村论乡村，还是要强化以工补农、以城带乡，加快形成工农互促、城乡互补、协调发展、共同繁荣的新型工农城乡关系。”[①]处理好工农关系、城乡关系，在一定程度上决定

---

① 习近平：《论“三农”工作》，中央文献出版社，2022，第16页。

着现代化的成败。

全面推进乡村振兴和城乡融合发展蕴含内在逻辑关系。一方面，乡村振兴是推进城乡融合发展的重要保障。补齐制约融合发展的短板，将农业农村提到与城乡平等的地位，推动城乡要素自由流动和平等交换。另一方面，城乡融合发展是推进乡村振兴的根本途径。城市与农村、工业和农业是经济社会发展不可分割的整体。城乡融合发展要充分尊重城乡差异，根据资源禀赋选择促进城乡之间融合发展的具体路径。

推进乡村振兴战略下城乡融合发展的路径。一是以产业融合为纽带，建立城乡一体化的市场体系，促进城乡间要素资源的双向流动与再配置，实现城乡经济融合发展。二是建立健全城乡融合发展体制机制和政策体系。建立健全有利于城乡要素合理配置的体制机制，城乡基本公共服务普惠共享的体制机制，城乡基础设施一体化发展的体制机制，乡村经济多元化发展的体制机制，农民收入持续增长的体制机制，为推动乡村振兴提供良好的制度和机制保障。三是推进特色小镇和特色小城镇高质量发展。立足工业化城镇化发展阶段和发展潜力，通过打造拥有特色鲜明的产业形态、便捷完善的设施服务、和谐宜居的美丽环境、底蕴深厚的传统文化、精简高效的体制机制的特色小镇和特色小城镇，把乡村优美环境、人文风俗、历史文化、特色资源等在空间上进行集中和集聚，释放城乡融合发展和内需增长新空间，为城乡融合发展提供重要着力点和支撑点。

三、全面推进乡村振兴行动纲领的科学思维方法

乡村振兴重要论述的思维方法集中体现在战略思维、系统思维、创新思维、辩证思维、底线思维。这些思维方式，体现了中国共产党治国理政的智慧，是新时代我国巩固拓展脱贫攻坚成果同乡村振兴有效衔接的方法论基础，是实现乡村振兴的科学思维方法。

坚持高瞻远瞩，树立战略思维。战略思维，就是高瞻远瞩、统揽全局，善于把握事物发展的总体趋势和方向。乡村振兴战略是党的十九大提

出的一项重大战略，是党中央从关系国计民生的根本问题出发，对“三农”问题进行顶层设计。全面推进乡村振兴行动纲领的战略思维：一是目标定位表现出更高远的立意和更宽广的视野，是关系全面建设社会主义现代化国家的全局性、历史性任务。二是阶段性目标设计蕴含更长远的战略眼光，乡村振兴战略的阶段性目标和社会主义现代化建设的战略目标一致，将乡村振兴当作一项长期的历史任务，提出了三个阶段性目标，既考虑长远，又着眼当下。

坚持统筹兼顾，树立系统思维。乡村振兴是一项复杂的系统工程，涉及方方面面的内容，这就需要着眼全局，做好系统规划，多角度思考，多维度谋划，多举措实施。习近平总书记指出，在实施乡村振兴战略中要注意处理好以下关系：一是长期目标和短期目标的关系，二是顶层设计和基层探索的关系，三是充分发挥市场决定性作用和更好发挥政府作用的关系，四是增强群众获得感和适应发展阶段的关系①。这就要求，既要严格遵循党中央关于乡村振兴的顶层设计，又要因村制宜，制定符合各地实际的实施方案；既要充分发挥市场决定性作用，又要更好发挥政府作用；既要加快补齐农村发展和民生短板，又要形成可持续发展的长效机制；既要巩固拓展脱贫攻坚成果同乡村振兴有效衔接，又要提前谋划，超前布局，大力推进乡村振兴；既要持续推动经济社会发展，又要处理好其与生态环境建设保护之间的关系。

坚持改革创新，树立创新思维。创新思维是以超越为动能和目标，揭示事物内在的、本质的、必然的联系，形成富有价值的新观点、新方法、新成果的创造性思维过程。一是创新基层管理体制机制。创新联系服务群众工作方法，推进直接服务民生的公共事业部门改革，不断提高乡村治理智能化水平。改革创新考评体系，强化以群众满意度为重点的考核导向。二是尊重和发挥亿万农民的首创精神。各地制定符合自身实际的实施方

① 习近平：《论“三农”工作》，中央文献出版社，2022，第281页。

案，科学把握乡村的差异性，因村制宜，发挥亿万农民的主体作用和首创精神，善于总结基层的实践创造。三是创新金融支农产品和服务。加快农村金融产品和服务方式创新。探索开发新型信用类金融支农产品和服务。创新服务模式，引导持牌金融机构通过互联网和移动终端提供普惠金融服务，促进金融科技与农村金融规范发展。

坚持辩证统一，树立辩证思维。乡村振兴战略中蕴含着辩证唯物主义的世界观和方法论，主要体现在：第一，用普遍联系的观点进行战略设计。乡村振兴不只是经济振兴，是包括政治、经济、文化、生态、组织在内的全面振兴，这五个方面是相互影响和相互制约的，最终要实现农业农村现代化，其突出特点是“全面”。第二，在制订措施时应坚持具体问题具体分析，不搞一刀切。在乡村振兴的具体实践过程中考虑乡村的差异性和特殊性，根据实际进行实践探索和制度创新，体现了唯物辩证法中矛盾的普遍性和特殊性辩证统一原理，蕴含着矛盾的相互联结和可以相互转化的哲学思想。第三，强调抓住主要矛盾的主要方面。首先解决农民最关心的问题，那就是先帮助农民富裕起来，加快构建促进农民增收的体制机制。第四，用发展的观点进行顶层设计。明确三个阶段性目标，循序渐进、久久为功，体现了量变与质变的基本原理。

把握基本底线，树立底线思维。底线思维，就是客观地设定最低目标，立足最低点，争取最大期望值的能力。一是必须守住粮食安全和生态文明等重要问题的基本底线。严守生态保护红线，以绿色发展引领乡村振兴。严守耕地红线，全面落实永久基本农田特殊保护制度，把中国人的饭碗牢牢端在自己手中。二是必须坚决守住政策底线。坚持农村土地集体所有的农村基本经营制度，保持并提高粮食生产能力；坚持牢牢稳定土地承包关系，维护农民利益，以农民的获得感、幸福感为基本目标。三是严守政治底线。坚持党总揽全局、协调各方，强化党组织的领导核心作用，坚持农村基层党组织领导核心地位，提高领导能力和水平，为实现乡村振兴提供坚强保证。

四、理解全面推进乡村振兴行动纲领中治理有效的内涵要求

治理有效是实现乡村全面振兴的必然要求。基层治理状况是国家治理能力的集中体现，国家治理体系和治理能力的有效程度，要通过基层治理的绩效反映出来。乡村是县域最基本的治理单元，是整个国家治理体系的“神经末梢”。推进乡村治理体系和治理能力现代化建设是实现乡村全面振兴、巩固党在农村执政基础、满足农民群众美好生活需要的必然要求。

乡村治理现代化具有丰富内涵。乡村治理现代化包括乡村治理体系现代化和乡村治理能力现代化。乡村治理体系现代化重在制度机制，乡村治理能力现代化重在治理主体及其执行力。乡村治理体系现代化是指建立以乡村两级组织为核心，具有现代价值属性的组织系统与制度安排，可以分为组织结构、治理过程和实施方式三个层面。乡村治理能力现代化是指治理主体水平、素质及治理方式的现代化，目的在于提高国家对乡村社会的引领和介入能力，可以分为领导能力、服务能力和公共管理能力三个层面①，强调要构建完善现代乡村治理制度体系、多元主体共建共治共享的社会治理格局，充分运用现代治理方式和法治方式深化改革，借助现代信息技术打造“互联网+”新型治理模式，提高乡村治理的民主化、科学化、智能化和精细化水平。

治理有效是实现乡村振兴战略的重要保障。治理有效是“五位一体”总体布局中的社会建设对农村的具体要求。要因地制宜构建有效符合乡村发展要求的治理体系。农民是乡村治理的主体、乡村振兴的依托力量。在乡村治理过程中尊重并充分发挥农民的首创精神，激发农民的主体地位和主观能动性，可为乡村振兴培养积极的参与主体。

建强基层党组织为实施乡村振兴战略提供政治保证。一是建好班子，

---

① 韩鹏云：《乡村治理现代化的实践检视与理论反思》，《西北农林科技大学学报（社会科学版）》，2020年第1期。

选好带头人。抓好党支部班子建设，是夯实基层组织堡垒的必然要求，要坚持尽锐出战，把作风扎实、攻坚能力强的党员干部放在乡村振兴工作的前沿，通过开展优秀党支部示范创建活动，以及对软弱涣散党支部进行集中整顿，抓住“关键少数”，把党支部的“头雁”作用发挥好，不断强化村“两委”班子力量，多措并举锻造一支靠得住、信得过、顶得上的党员干部队伍。二是建好堡垒，树好旗帜。以支部为引领，不断丰富内容、创新载体，做好多角度、全覆盖的宣传、教育、引导工作，把群众的创业激情带动起来，把群众的生活热情鼓舞起来；密切党员与群众的联系，了解群众思想状况，帮助他们解决实际困难，引导农民群众积极投身到推动乡村振兴中来。注重吸引高校毕业生、机关企事业单位优秀党员干部等人才到乡村任职，用知识、能力充实党支部，提高党支部领导和服务发展的能力。着力打造坚强的基层战斗堡垒，将党员力量汇聚到基层治理、产业发展的方方面面。

“三治合一”是实现乡村有效治理的内在要求。中央要求农村基层治理工作应采取自治、法治、德治相结合的模式。“三治”建设既是全面依法治国的应有之义，也能有效应对新时代乡村社会发展的挑战，既为实现乡村振兴目标提供秩序保障，也为加强农村基层基础工作探索新路。“三治”有不同的侧重点，但均围绕着实现乡村善治和治理现代化的目标。法治强调刚性约束，乡村法治建设是乡村振兴战略的有力保障。自治强调内生约束，是新时代消解乡村基层内部矛盾、激发基层活力、完善基层群众自治制度的关键，对激发乡村社会内部的活力和创造力，形成民意的“最大公约数”具有积极作用。德治强调柔性约束。法治的重点是人的外在行为，德治的重点是人的内心世界。法律的生命力在于执行，束之高阁而不能得到践履的法典再完美也只能流于形式。没有德治支持的法治，是没有根基的。“以德治村”既是对实行法治的有力支撑，也是传承中华优秀传统文化的应有之义。德治的柔性约束是新时代乡村基层弘扬正气、达成共识、春风化雨的文化支撑。“三治合一”是对中国乡村传统治理体系的继承。在新的历史条件下，要善于利用历史资源中某些积极因素，兴利除弊，重视乡村精英、家族等要素的作用，把传统和现代融合在一起，提升乡村治理的整体水平。我国乡村有丰富的村规民约。村规民约指村民依据有关法律、法规和政策方针，结合本村实际制定的涉及村风民俗、社会公共道德、公共秩序、治安管理等方面的综合规定，是村民进行自我管理、自我教育、自我约束的行为规范。

五、全面推进乡村振兴行动纲领的时代价值

（一）指导在巩固拓展脱贫攻坚成果的基础上推进乡村振兴

脱贫摘帽不是终点，而是新生活、新奋斗的起点。新时代解决发展不平衡不充分问题、缩小城乡区域发展差距、实现人的全面发展和全体人民共同富裕的目标任重道远。打赢脱贫攻坚战，全面建成小康社会后，我们要在巩固拓展脱贫攻坚成果的基础上，做好乡村振兴这篇大文章，接续推进脱贫地区发展和群众生活改善。新发展阶段“三农”工作的行动纲领，有助于切实做好巩固拓展脱贫攻坚成果同乡村振兴有效衔接各项工作，让脱贫基础更加稳固、成效更可持续。一是指导多措并举坚决守住不发生规模性返贫的底线，二是指导促进脱贫基础更加稳固和脱贫成效持续发展，三是指导巩固拓展脱贫攻坚成果同乡村振兴有机衔接。

（二）指导全面推动乡村振兴工作取得实效

一是为乡村振兴提供了正确的理论指导。全面推进乡村振兴行动纲领创新性地回答了新发展阶段全面推进乡村振兴的目标定位、发展方向、理论内涵、价值指向、方法遵循以及治理导向等一系列重大理论和现实问题，形成了一个思想深邃、内涵丰富、逻辑严密的理论体系，为乡村振兴战略的实施提供了顶层设计和理论指导。二是为乡村振兴提供了科学的方法遵循。习近平总书记多次强调，实施乡村振兴战略，要按照规律办事，

科学规划、注重质量、从容建设，不追求速度，更不能刮风搞运动。三是指明了推进乡村全面振兴的要求和方向。新时代“三农”工作按照产业兴旺、生态宜居、乡风文明、治理有效、生活富裕的总要求，统筹推进农村经济建设、政治建设、文化建设、社会建设、生态文明建设和党的建设，加快推进乡村治理体系和治理能力现代化。

（三）引领进一步扎实推进实现共同富裕

在马克思主义看来，实现共同富裕需要满足三个条件：一是“共同”要以社会主义公有制为前提，二是“富裕”要以生产力的高度发展为基础，三是“共同富裕”要以消除城乡差别为条件。新发展阶段“三农”工作的行动纲领，是扎实推进共同富裕的必由之路。为此，全面推进乡村振兴行动纲领为共同富裕奠定了思想基础。习近平总书记明确指出：“巩固和完善农村基本经营制度，走共同富裕之路。”[①]“壮大农村集体经济，是引领农民实现共同富裕的重要途径。”[②]新时代乡村振兴通过发展壮大社会主义公有制经济的重要形式——农村集体经济，引领农民走上共同富裕的道路，有助于为实现共同富裕提供思想和认识基础。乡村振兴通过发展农村生产力为共同富裕奠定了物质基础。新时代乡村振兴的根本目的，就是要不断解放和发展农村社会生产力，激发农村内部的经济活力。通过发展壮大乡村产业，让农民更多分享产业增值收益，促进全体农民共同富裕。乡村振兴通过缩小城乡差距为共同富裕提供了必要条件。通过促进工业化、信息化、城镇化、农业现代化同步发展，推动城乡发展一体化，从根本上改变农业是“四化同步”的短腿的现象，确保农业农村农民在共同富裕路上不掉队。

---

① 习近平：《论坚持全面深化改革》，中央文献出版社，2018，第397页。

② 《习近平关于“三农”工作论述摘编》，中央文献出版社，2019，第149页。

知识链接

特色小镇发源于浙江，2014年在杭州云栖小镇首次被提及。2016年，住房城乡建设部、国家发展改革委、财政部决定在全国范围内开展特色小镇培育工作，计划到2020年，培育1000个左右各具特色、富有活力的休闲旅游、商贸物流、现代制造、教育科技、传统文化、美丽宜居等特色小镇，引领带动全国小城镇建设。2016—2017年，住房城乡建设部先后发布两批特色小镇名单。截至2018年2月，全国两批特色小镇试点403个，加上各地方创建的省级特色小镇，数量超过2000个。

4 如何理解实施乡村振兴战略的顶层设计?

习近平总书记强调，全面实施乡村振兴战略的深度、广度、难度都不亚于脱贫攻坚，必须加强顶层设计，以更有力的举措、汇聚更强大的力量来推进。2020年底，党中央决定将扶贫工作机构重组为乡村振兴部门。2021年6月，全国乡村振兴工作机构体系组建基本完成。同年6月1日，我国第一部以“乡村振兴”命名的基础性、综合性法律——《中华人民共和国乡村振兴促进法》（简称乡村振兴促进法）生效，与2018—2023年的六个中央一号文件、《乡村振兴战略规划（2018—2022年）》、《中国共产党农村工作条例》，共同构成实施乡村振兴战略的“四梁八柱”。2020年12月，《中共中央 国务院关于实现巩固拓展脱贫攻坚成果同乡村振兴有效衔接的指导意见》印发，以此为依据，各部门相继出台一系列相关配套政策。上述法规、条例、规划、政策文件，共同构成了实施乡村振兴战略的顶层设计，奠定了乡村振兴开新局的制度基础。

实施乡村振兴战略，是一项长期的历史性任务，要统筹规划，科学推进。实施乡村振兴战略的顶层设计主要由国家层面的法律、条例、规划、政策文件组成。

一、乡村振兴促进法提供法律保障

乡村振兴促进法由第十三届全国人民代表大会常务委员会第二十八次会议于2021年4月29日通过，自2021年6月1日起施行。这是我国第一部直接以“乡村振兴”命名的“三农”领域的基础性、综合性法律，它包括10章（即总则、产业发展、人才支撑、文化繁荣、生态保护、组织建设、城乡融合、扶持措施、监督检查和附则）共74条。这部法律的主要特征：一是以增加农民收入、提高农民生活水平、提升农村文明程度为核心；二是以解决好农业农村承担的保障好农产品供给安全、保护好农村生态屏障安全、传承好中国农村优秀传统文化等为主要任务；三是全面加强农村社会主义精神文明建设，坚持农民主体地位，全面提升新时代农民素质，培养一代又一代高素质的新型农民。

乡村振兴促进法的颁布实施意义重大。一是为实施乡村振兴战略提供了法治基石。乡村振兴促进法与2018—2023年的六个中央一号文件、《乡村振兴战略规划（2018—2022年）》、《中国共产党农村工作条例》，共同构成实施乡村振兴战略的“四梁八柱”，而且是“顶梁柱”。二是为实施乡村振兴战略提供了法治保障。乡村振兴促进法将党中央、国务院关于乡村振兴的重大决策部署和各地行之有效的实践经验法定化、制度化，对产业发展、人才支撑、文化繁荣、生态保护、组织建设等乡村振兴重点任务作出了全方位的规定，既指明了鼓励倡导的方向路径，又画出了禁止限制的底线红线。三是为实施乡村振兴战略提供了法治利器。乡村振兴促进法强化了各级政府及有关部门推进乡村振兴的职责和任务，并对建立考核评价、年度报告、监督检查等制度作出了具体要求，为推动乡村振兴提供了有力抓手。

乡村振兴促进法内容丰富。该法按照“五个振兴”的布局安排，用5章38条对乡村产业、人才、文化、生态、组织作出具体规定，把农业强、农村美、农民富的目标要求用法律制度固定下来，这也是法律的主体部分。该法对发挥乡村特有功能作出明确规定。一是保障农产品供给安全。我们要坚持藏粮于地、藏粮于技，重点解决好种子和耕地两个要害问题，建设旱涝保收、稳产高产的高标准农田，完善农业支持保护制度，实行粮食安全党政同责，确保粮食产量保持在1.3万亿斤以上。二是保护农村生态屏障安全。我们要加强农村生态环境保护，持续推进农业面源污染防治，统筹山水林田湖草沙系统治理，推行绿色发展方式和生活方式，再现山清水秀、天蓝地绿、村美人和的美丽画卷。三是传承中国农村优秀传统文化。我们要传承发扬中国农村优秀传统文化，保护农业文化遗产和非物质文化遗产，加强对历史文化名镇名村、传统村落和乡村风貌、少数民族特色村寨的保护，引导发展特色鲜明、优势突出的乡村文化产业。

乡村振兴促进法以法律实施促进高素质新型农民培育、保障维护农民合法权益。一是加强农村社会主义精神文明建设。农村现代化既包括“物”的现代化，也包括“人”的现代化。乡村振兴，农民是主体，必须坚持扶志扶智相结合，着力提振新征程农民精气神，全面提升新时代农民整体素质。二是坚持农民主体地位这个关键。坚持农民主体地位、充分尊重农民意愿、保障农民民主权利和其他合法权益，是贯穿法律始终的一条主线和根本原则。三是对农村思想政治、道德文化、社会文明等建设提出明确要求。

实施乡村振兴促进法的路径。一是广泛宣传乡村振兴促进法，让各级干部特别是农村基层干部，以及广大农民群众充分认识这部法律的重要意义，了解其确立的政策措施和制度，是该法得以有效贯彻实施的重要前提。二是因地制宜促进乡村产业发展，促进农村一二三产业融合发展，确保粮食安全，解决好用地难、贷款难等关键问题，提升乡村产业链供应链现代化水平，健全完善产业联农带农机制，让农民更多分享产业增值收益，进一步增加农民收入、提高农民生活水平。三是培养造就新型职业农民队伍，广泛依靠农民、教育引导农民、组织带动农民，投身乡村振兴、建设美好家园。健全乡村人才工作体制机制，大力培养本土人才，引导城市人才下乡，推动专业人才服务乡村，吸引各类人才在乡村振兴中建功立业。四是推进城乡公共文化服务体系一体建设，增加农村公共文化服务总量供给，提高农村公共文化服务的便利性、可及性。传承好农村优秀传统文化，倡导科学健康的生产生活方式，引导特色鲜明、优势突出的乡村文化产业发展。五是实施乡村建设行动，完善乡村水电路气通信等基础设施，稳妥有序推进农村改厕、生活垃圾处理和污水治理工作。加强农村生态环境保护，推行绿色发展方式和生活方式，加强农业面源污染防治，持续改善农村人居环境。六是加强农村基层政权建设，建立健全党领导下自治、法治、德治相结合的乡村社会治理体系，建设充满活力、和谐有序的善治乡村，巩固和确保党长期执政的基层基础。七是保障好维护好农民的合法权益，解决好农民群众关心关切的利益问题，让农民吃上长效“定心丸”。

二、《中共中央　国务院关于实施乡村振兴战略的意见》明确时间表路线图

这是2018年的中央一号文件。该文件着眼于乡村振兴战略的整体部署和实践指南，明确了实施乡村振兴战略的时间表、路线图和任务书，意味着正式向全党全国发出了实施乡村振兴战略的总动员令。该文件有两大突出特点：一是站位全局。历年的中央一号文件主要把握阶段性问题，更倾

向于聚焦农民增收、农业综合生产能力、社会主义新农村、城乡融合发展、水利改革发展、农业基础设施建设、农业科技创新等某一个具体领域具体事项上。2018年的中央一号文件则按照党的十九大报告提出的总要求，从农村经济建设、政治建设、文化建设、社会建设、生态文明建设和党的建设等方方面面，围绕实施乡村振兴战略进行了全面布局，具有更大视野、更宽思维。二是意在长远。乡村振兴是一场持久战，也是一项长期的改革任务。因此，文件按照党的十九大提出的决胜全面建成小康社会、分两个阶段实现第二个百年奋斗目标的战略安排，设定了时间跨度30年的长期规划：到2020年，乡村振兴取得重要进展，制度框架和政策体系基本形成；到2035年，乡村振兴取得决定性进展，农业农村现代化基本实现；到2050年，乡村全面振兴，农业强、农村美、农民富全面实现。2018年的中央一号文件深刻阐述了实施乡村振兴战略的内涵要义、目标导向、工作布局和基本任务，将农村发展的共性问题和突出矛盾进行系统性梳理，并有针对性地予以政策回应。这份文件在乡村振兴战略"四梁八柱"的架构中有着基础性的地位和作用。

三、《乡村振兴战略规划（2018—2022年）》确定重点任务

《乡村振兴战略规划（2018—2022年）》（简称《振兴规划》）于2018年9月以中共中央、国务院名义印发，是乡村振兴重点任务确定的依据与遵循。《振兴规划》以习近平总书记关于"三农"工作的重要论述为指导，按照产业兴旺、生态宜居、乡风文明、治理有效、生活富裕的总要求，对实施乡村振兴战略作出阶段性谋划，分别明确至2020年全面建成小康社会和2022年召开党的二十大时的目标任务。

《振兴规划》以篇、章结构明确2018—2022年推进乡村振兴的重点任务，共分为11篇37章。第一篇至第三篇是规划总论，阐述了规划背景（重大意义、振兴基础、发展态势）、总体要求（指导思想和基本原则、发展目标、远景谋划）、构建乡村振兴新格局（统筹城乡发展空间、优化乡村

发展布局、分类推进乡村发展、坚决打好精准脱贫攻坚战)。第四篇到第八篇，分别围绕“五个振兴”进行阐述和安排，如：第四篇“加快农业现代化步伐”，包括夯实农业生产能力基础、加快农业转型升级、建立现代农业经营体系、强化农业科技支撑、完善农业支持保护制度等内容；第五篇“发展壮大乡村产业”，包括推动农村产业深度融合、完善紧密型利益联结机制、激发农村创新创业活力等内容；第六篇“建设生态宜居的美丽乡村”，包括推进农业绿色发展、持续改善农村人居环境、加强乡村生态保护与修复等内容；第七篇“繁荣发展乡村文化”，从加强农村思想道德建设、弘扬中华优秀传统文化、丰富乡村文化生活等方面进行阐述；第八篇“健全现代乡村治理体系”，阐述了加强农村基层党组织对乡村振兴的全面领导、促进自治法治德治有机结合、夯实基层政权等内容。第九篇至第十一篇从保障方面作出安排，如：第九篇“保障和改善农村民生”，指出要加强农村基础设施建设、提升农村劳动力就业质量、增加农村公共服务供给；第十篇“完善城乡融合发展政策体系”，提出包括加快农业转移人口市民化、强化乡村振兴人才支撑、加强乡村振兴用地保障、健全多元投入保障机制、加大金融支农力度等措施；第十一篇“规划实施”，明确了加强组织领导、有序实现乡村振兴的有关要求。

《振兴规划》通过16个专栏部署实施乡村振兴战略的重点任务。主要包括：专栏1“乡村振兴战略规划主要指标”。专栏2“农业综合生产能力提升重大工程”，包括“两区”建管护、高标准农田建设、主要农作物生产全程机械化、数字农业农村和智慧农业、粮食安全保障调控和应急。专栏3“质量兴农重大工程”，包括特色农产品优势区创建、动植物保护能力提升、农业品牌提升、特色优势农产品出口提升行动、产业兴村强县行动、优质粮食工程。专栏4“现代农业经营体系培育工程”，包括新型农业经营主体培育、农垦国有经济培育壮大、供销合作社培育壮大、新型农村集体经济振兴计划。专栏5“农业科技创新支撑重大工程”，包括农业科技创新水平提升、现代种业自主创新能力提升、农业科技园区建设。专栏6

“构建乡村产业体系重大工程”，包括电子商务进农村综合示范、农商互联、休闲农业和乡村旅游精品工程、国家农村一二三产业融合发展示范园创建计划、农业循环经济示范、农产品加工业提升行动、农村“星创天地”、返乡下乡创业行动。专栏7“农业绿色发展行动”，包括国家农业节水行动、水生生物保护行动、农业环境突出问题治理、农业废弃物资源化利用、农业绿色生产行动。专栏8“农村人居环境整治行动”，包括农村垃圾治理、农村生活污水处理、厕所革命、乡村绿化行动、乡村水环境治理、宜居宜业美丽乡村建设。专栏9“乡村生态保护与修复重大工程”，包括国家生态安全屏障保护与修复，大规模国土绿化，草原保护与修复，湿地保护与修复，重点流域环境综合治理，荒漠化、石漠化、水土流失综合治理，农村土地综合整治，重大地质灾害隐患治理，生物多样性保护，近岸海域综合治理，兴林富民行动。专栏10“乡村文化繁荣兴盛重大工程”，包括农耕文化保护传承，戏曲进乡村，贫困地区村综合文化服务中心建设，中国民间文化艺术之乡，古村落、古民居保护利用，少数民族特色村寨保护与发展，乡村传统工艺振兴，乡村经济社会变迁物证征藏。专栏11“乡村治理体系构建计划”，包括乡村便民服务体系建设、“法律进乡村”宣传教育、“民主法治示范村”创建、农村社会治安防控体系建设、乡村基层组织运转经费保障。专栏12“农村基础设施建设重大工程”，包括农村公路建设、农村交通物流基础设施网络建设、农村水利基础设施网络建设、农村能源基础设施建设、农村新一代信息网络建设。专栏13“乡村就业促进行动”，包括农村就业岗位开发、农村劳动力职业技能培训、城乡职业技能公共实训基地建设、乡村公共就业服务体系建设。专栏14“农村公共服务提升计划”，包括乡村教育质量提升计划、健康乡村计划、全民参保计划、农村养老计划。专栏15“乡村振兴人才支撑计划”，包括农业科研杰出人才计划和杰出青年农业科学家项目、乡土人才培育计划、乡村财会管理“双基”提升计划、“三区”人才支持计划。专栏16“乡村振兴金融支撑重大工程”，包括金融服务机构覆盖面提升、农村金融服务“村村通”、农村金融产品创新、农村信用体系建设。

四、系列文件形成实施乡村振兴战略的政策体系

实施乡村振兴的核心政策主要是2019—2023年的五个中央一号文件和2020年12月印发的《中共中央　国务院关于实现巩固拓展脱贫攻坚成果同乡村振兴有效衔接的意见》，以这些核心政策为依据，国家有关部门出台了一系列配套文件，共同构成了实施乡村振兴战略的政策体系。

中共中央、国务院每年以中央一号文件的方式，对实施乡村振兴战略的年度目标、重点任务、主要政策措施进行全面部署。2019—2023年的中央一号文件都是围绕实施乡村振兴战略已经明确的时间表、路线图和任务书，逐项明确阶段性工作举措，推动乡村振兴一年一个新进展。

（一）2019年的中央一号文件《中共中央　国务院关于坚持农业农村优先发展做好“三农”工作的若干意见》

文件印发正值决胜全面小康的攻坚阶段，同时也是打赢脱贫攻坚战和实施乡村振兴战略的重要历史交汇期。全面建成小康社会决胜期的重中之重、急中之急，就是打赢脱贫攻坚战。为此，2019年的中央一号文件提出四方面的重点要求：

一是要将深度贫困地区精准脱贫作为主攻方向，尤其在以“三区三州”[①]为代表的贫困人口多、贫困发生率高、脱贫难度大的深度贫困地区集中优势资源、统筹举措进行强攻。

二是要着重解决攻坚中出现的突出问题，如：强化易地扶贫搬迁的后续措施；注重发展长效扶贫产业；加强落实基本医疗保险、大病保险、医

---

① “三区三州”：指位于西藏、新疆、甘肃、四川和云南的国家层面的深度贫困地区。“三区”指西藏自治区，新疆南疆的和田地区、阿克苏地区、喀什地区、克孜勒苏柯尔克孜自治州，以及青海、甘肃、四川、云南四省区；“三州”指甘肃省临夏回族自治州、四川省凉山彝族自治州和云南省怒江傈僳族自治州。

疗救助等多重保障，筑牢乡村卫生服务网底，对接贫困人口基本医疗需求；坚持扶贫与扶志扶智相结合，着力解决“一兜了之”和部分贫困人口等靠要问题，增强贫困群众的内生动力和自我发展能力。

三是对于脱贫摘帽的贫困县、贫困村和贫困人口，要保持相关扶持政策的稳定，减少和防止返贫，努力巩固和扩大脱贫攻坚成果。同时，要加强脱贫监测，杜绝数字脱贫、虚假脱贫。确保到2020年我国现行标准下农村贫困人口实现脱贫，贫困县全部摘帽，解决区域性整体贫困。

四是为完善落实党的十九大明确的农业农村优先发展顶层设计。2019年中央一号文件提出了“四个优先”的具体举措：优先考虑“三农”干部配备，优先满足“三农”发展要素配置，优先保障“三农”资金投入，优先安排农村公共服务。

（二）2020年的中央一号文件《中共中央　国务院关于抓好“三农”领域重点工作确保如期实现全面小康的意见》

文件以习近平新时代中国特色社会主义思想为指导，全面贯彻党的十九大和十九届二中、三中、四中全会精神，贯彻落实中央经济工作会议精神，对“三农”工作作出了全面部署。一是明确了工作重点，就是对标对表全面建成小康社会目标，集中力量完成打赢脱贫攻坚战和补上全面小康“三农”领域突出短板两大重点任务。二是强化了政策举措。针对基层干部群众反映强烈的问题和工作落实中存在的薄弱环节，有的放矢、精准施策，提出了一些含金量高、可操作性强的政策举措，进一步强化了补短板的政策支撑保障。三是强调要抓好落实。围绕补上影响脱贫攻坚质量和全面小康成色、到2020年必须补上的突出短板，逐项抓好落实，确保如期完成。

文件明确在脱贫攻坚战收官之年，要做好以下工作：完成好剩余脱贫任务，巩固脱贫成果，防止返贫；做好考核验收和宣传工作，研究接续推进减贫工作。

文件对标全面建成小康社会目标任务，提出了农村基础设施和公共服务八个方面的短板：一是农村公共基础设施方面，在完成具备条件的建制村通硬化路和通客车任务基础上，有序推进较大人口规模自然村（组）等通硬化路建设，支持村内道路建设和改造。二是农村供水保障方面，重点是全面完成农村饮水安全巩固提升工程任务，有条件的地区推进城乡供水一体化。三是农村人居环境整治方面，重点是分类推进农村厕所革命，全面推进农村生活垃圾治理，梯次推进农村生活污水治理，广泛开展村庄清洁行动。四是农村教育方面，在硬件上改善农村办学条件，在软件上加强乡村学校教师队伍建设。五是农村基层医疗卫生服务方面，在建好县、乡、村三级医疗卫生机构、消除医疗服务空白点的同时，重点加强乡村医生队伍建设。六是农村社会保障方面，主要是适当提高城乡居民基本医疗保险财政补助和个人缴费标准，加强农村低保对象动态精准管理，合理提高社会救助水平，发展农村互助式养老等。七是乡村公共文化服务方面，主要是扩大乡村文化惠民工程覆盖面、鼓励送文化下乡、实施乡村文化人才培养工程等。八是农村生态环境治理方面，主要是对做好畜禽粪污资源化利用、农药化肥减量、长江流域重点水域常年禁捕、黑土地保护、农村水系综合整治等提出要求。

文件对在多渠道促进农民持续增收进行具体部署。一是发展富民乡村产业。要支持各地立足资源优势打造各具特色的农业全产业链，推动农村一二三产业融合发展。加快建设各类产业园区基地，重点培育家庭农场、农民合作社等新型农业经营主体，通过订单农业、入股分红、托管服务等方式，带动小农户融入农业产业链。继续调整优化农业结构，打造地方知名农产品品牌，增加优质绿色农产品供给，提升农民生产经营效益。二是稳定农民工就业。稳定农民工就业对稳定农民增收至关重要。重点是加强职业技能培训，积极开发城镇就业岗位，加大农民工稳岗支持力度。要加大对拖欠农民工工资的整治力度，以政府投资项目和工程建设领域为重点开展排查整顿，确保农民工工资按时足额发放。农村创新创业是农民就近就地就业的重要渠道，要深入实施农村创新创业带头人培育行动。三是稳定农民转移性收入。要保持好强农惠农富农政策的连续性、稳定性，确保农民转移性收入不减少。

文件强调，粮食生产要稳字当头，稳政策、稳面积、稳产量，这释放了鲜明的政策信号。一要压实各级责任，强化粮食安全省长责任制考核；二要保护农民种粮积极性，保障农民基本收益；三要调动地方抓粮积极性，让地方抓粮不吃亏；四要加强技术服务，推动粮食生产提质增效。

文件要求把生猪稳产保供作为重大政治任务，像抓粮食生产一样抓生猪生产，采取综合性措施，确保2020年底前生猪产能基本恢复到接近正常年份水平。一是压实地方责任，二是落实支持政策，三是抓好疫病防控，四是推进转型升级，五是加强市场调控。

文件在强化“人地钱”要素保障方面出台了含金量高的政策。在人才保障方面，提出抓紧出台推进乡村人才振兴的意见，有组织地动员城市科研人员、工程师、规划师、建筑师、教师、医生下乡服务，城市中小学教师、医生晋升高级职称前原则上要有一年以上农村基层工作服务经历。在用地保障方面，提出完善乡村产业发展用地政策体系，将农业种植养殖配建的各类辅助设施用地纳入农用地管理，合理确定辅助设施用地规模上限，明确农业设施用地可以使用耕地。在投入保障方面，加大中央和地方财政“三农”投入力度，加大地方债用于“三农”规模，强化对“三农”信贷的货币、财税、监管政策正向激励，稳妥扩大农村普惠金融改革试点。

文件对有效扩大农业农村投资作出了相应部署。一是启动实施现代农业设施投资项目，二是优化农业农村投资环境，三是加大对农业农村投融资金融支持力度。

文件对各项重点改革任务进行了部署。一是完善农村基本经营制度。重点是落实保持土地承包关系稳定并长久不变的要求，部署开展第二轮土地承包到期后再延长30年试点，在试点基础上研究制定延包的具体办法。二是扎实推进农村土地制度改革。抓紧制定农村集体经营性建设用地入市配套制度。严格农村宅基地管理，扎实推进宅基地使用权确权登记颁证，以探索宅基地所有权、资格权、使用权“三权分置”为重点，进一步深化农村宅基地制度改革试点。三是深入推进农村集体产权制度改革。在完成清产核资的基础上，全面推开农村集体产权制度改革试点，有序开展集体成员身份确认、集体资产折股量化、股份合作制改革、集体经济组织登记赋码等工作。积极探索拓宽农村集体经济发展路径。此外，文件还对中央部署的供销合作社、农垦、国有林区林场、集体林权制度、草原承包经营制度、农业水价、农业综合行政执法等重大改革任务进行了部署。

（三）2021年的中央一号文件《中共中央　国务院关于全面推进乡村振兴加快农业农村现代化的意见》

文件立足当前，突出年度性、时效性，部署当年必须完成的任务；同时兼顾长远，着眼“十四五”开局，突出战略性、方向性，明确“十四五”时期的工作思路和重点举措。

文件的特点主要体现在以下方面：

第一，政策亮点多。围绕实现巩固拓展脱贫攻坚成果同乡村振兴有效衔接，明确设立衔接过渡期，提出持续巩固拓展脱贫攻坚成果、接续推进脱贫地区乡村振兴、加强农村低收入人口常态化帮扶等重点举措；围绕提升粮食和重要农产品供给保障能力，提出实行粮食安全党政同责，明确要求“十四五”时期各省（区、市）要稳定粮食播种面积、提高单产水平；围绕推动农业农村现代化开好局、起好步，提出解决种子和耕地两个要害问题、强化现代农业科技和物质装备支撑、构建现代乡村产业体系、推进农业绿色发展、推进现代农业经营体系建设等重点举措。以实施乡村建设行动为抓手，部署一批重点工程、重大项目和重要行动；围绕加强党对“三农”工作的全面领导，对健全党的农村工作领导体制和工作机制、加强党的农村基层组织建设和乡村治理等方面提出明确要求。

第二，政策含金量足。针对农村的地自己用不上、用不好的问题，提出完善盘活农村存量建设用地政策，实行负面清单管理，探索灵活多样的供地新方式等；针对乡村振兴资金需求量大的问题，提出支持地方政府发行一般债券和专项债券用于现代农业设施建设和乡村建设行动、支持以市场化方式设立乡村振兴基金等；针对农村贷款难、贷款贵问题，提出大力开展农户小额信用贷款业务，鼓励开发专属金融产品支持新型农业经营主体和农村新产业新业态，加大对农业农村基础设施投融资的中长期信贷支持。

第三，明确巩固拓展脱贫攻坚成果，做好同乡村振兴有效衔接，是2021年和“十四五”时期“三农”工作最重要的任务。一方面，把巩固拓展脱贫攻坚成果摆在首要位置，守住防止规模性返贫底线。对摆脱贫困的县，从脱贫之日起设立五年过渡期，过渡期内保持现有主要帮扶政策总体稳定。加大对脱贫县乡村振兴支持力度。在西部地区的脱贫县中确定一批国家乡村振兴重点帮扶县，从财政、金融、土地、人才、基础设施、公共服务等方面给予集中支持。另一方面，有序推进政策优化调整，推动工作体系平稳转型。脱贫攻坚过程中，中央有关部门出台了200多个政策文件和实施方案。在保持主要帮扶政策总体稳定基础上，逐项推进政策分类优化调整，合理把握节奏、力度和时限，做好同乡村振兴在领导体制、工作体系、发展规划、政策举措、考核机制等方面的有效衔接，逐步实现从集中资源支持脱贫攻坚向全面推进乡村振兴平稳过渡。

第四，围绕粮食播种面积保持稳定、产量达到1.3万亿斤以上的目标，重点抓好四个方面工作：稳定种植面积，强化政策支持，突出抓好要害，狠抓防灾减灾。

第五，重点从三方面促进农民收入增长：一是提高效益促增收，二是扩大就业促增收，三是深化改革促增收。

第六，当年和“十四五”时期新一轮农村改革将以处理好农民和土地的关系为主线，以推动小农户和现代农业有机衔接为重点，着力激发农业农村发展的动力活力，为推进乡村全面振兴提供更有力的制度支撑。一是巩固和完善农村基本经营制度，二是深化农村产权制度改革，三是稳慎推进农村宅基地制度改革试点，四是完善农业支持保护制度，五是加快推动城乡融合发展。把县域作为城乡融合发展的重要切入点，推动土地、劳动力等要素市场化改革和户籍制度改革取得新突破，促进城乡要素平等交换、双向流动。

（四）2022年的中央一号文件《中共中央　国务院关于做好2022年全面推进乡村振兴重点工作的意见》

这是21世纪以来指导“三农”工作的第19个中央一号文件。文件对2022年全面推进乡村振兴重点工作进行了部署。文件要求，百年变局和世纪疫情交织叠加，外部环境更趋复杂和不确定，必须坚持稳字当头、稳中求进，稳住农业基本盘、做好“三农”工作，确保农业稳产增产、农民稳步增收、农村稳定安宁，为保持平稳健康的经济环境、国泰民安的社会环境提供坚实有力的支撑。要牢牢守住保障国家粮食安全和不发生规模性返贫这两条底线。扎实有序做好乡村发展、乡村建设、乡村治理重点工作。持续推进农村一二三产业融合发展，促进农民就地就近就业创业。健全乡村建设实施机制，着力解决农民生产生活实际问题。加强农村基层组织建设，健全党组织领导下的自治、法治、德治相结合的乡村治理体系，切实维护农村社会平安稳定。

文件把抓好粮食生产和重要农产品供给摆在首要位置，目的是把14亿多中国人的饭碗端得更稳更牢固，饭碗主要装中国粮。重点做好三方面工作：稳产量、调结构、保耕地。

文件对坚决守住不发生规模性返贫底线作出一系列具体安排，明确要压紧压实责任，持续响鼓重锤地抓好，确保工作不留空档、政策不留空白；要聚焦重点人群完善监测帮扶机制；促进脱贫人口持续稳定增收，更多依靠发展来积极巩固拓展脱贫攻坚成果；加大乡村振兴重点帮扶县帮扶力度，聚焦重点地区强化帮扶措施，增强自我发展能力，让脱贫基础更加牢固、更可持续。

文件明确，“三农”工作重心历史性转移后，新时代抓“三农”工作就是抓全面推进乡村振兴，要扎实有序推进各项重点工作，推动全面推进乡村振兴取得新进展、农业农村现代化迈出新步伐：一是聚焦产业促进乡村发展。拓展农业多种功能、挖掘乡村多元价值，重点发展农产品加工业、乡村休闲旅游、农村电商等产业；大力发展县域范围内比较优势明显、带动农业农村能力强、就业容量大的产业，促进农民就地就近就业创业；加强农业面源污染综合治理，深入推进农业投入品减量化、废弃物利用资源化，推进农业农村绿色发展。二是扎实稳妥推进乡村建设。健全自下而上、村民自治、农民参与的实施机制，坚持数量服从质量、进度服从实效，求好不求快，不超越发展阶段搞大融资、大开发、大建设。聚焦普惠性、基础性、兜底性民生建设，接续实施农村人居环境整治提升五年行动，加强农村道路、供水、用电、网络、住房安全等重点领域基础设施建设，强化基本公共服务县域统筹。三是突出实效改进乡村治理。强化县级党委抓乡促村职责，健全乡镇党委统一指挥和统筹协调机制，发挥驻村第一书记和工作队抓党建促乡村振兴作用。创新农村精神文明建设有效平台载体，推广积分制等治理方式，推进农村婚俗改革试点和殡葬习俗改革，持续推进乡村移风易俗。

文件明确，要制定乡村振兴责任制实施办法，开展省级党政领导班子和领导干部推进乡村振兴战略实绩考核，完善市县党政领导班子和领导干部推进乡村振兴战略实绩考核制度，把五级书记［指省、市、县、乡四级党委书记和村党支部书记（包括第一书记和驻村工作队）］抓乡村振兴落到实处。同时，要建立乡村振兴表彰激励制度，形成全社会共同参与乡村振兴的良好氛围。

（五）2023年的中央一号文件《中共中央 国务院关于做好2023年全面推进乡村振兴重点工作的意见》

文件既立足当前，部署了全面推进乡村振兴重点工作，也着眼长远，提出了加快建设农业强国的总体要求。文件分9个部分，分别是抓紧抓好粮食和重要农产品稳产保供、加强农业基础设施建设、强化农业科技和装备支撑、巩固拓展脱贫攻坚成果、推动乡村产业高质量发展、拓宽农民增收致富渠道、扎实推进宜居宜业和美乡村建设、健全党组织领导的乡村治理体系、强化政策保障和体制机制创新，共33条。

主要的政策重点和要点集中体现在：

第一，抓紧抓好粮食和重要农产品稳产保供。粮食安全是“国之大者”。根据文件部署，2023年我国将紧紧围绕确保全国粮食产量保持在1.3万亿斤以上这个目标，千方百计稳住面积、主攻单产、力争多增产。文件提出，加强农业基础设施建设，强化农业科技和装备支撑，完善农业支持保护制度，强化粮食安全党政同责，健全农民种粮挣钱得利、地方抓粮担责尽义的机制保障。文件从价格、补贴、保险等方面健全种粮农民收益保障机制，健全主产区利益补偿机制，增加产粮大县奖励资金规模。压实地方党委和政府重农抓粮主体责任，严格省级党委和政府耕地保护和粮食安全责任制考核，确保主产区、主销区、产销平衡区各尽其责，饭碗一起端、责任一起扛。

第二，巩固拓展脱贫攻坚成果。文件将防止规模性返贫作为全面推进乡村振兴的底线任务进行具体部署：要压紧压实各级巩固拓展脱贫攻坚成果责任，强化防止返贫动态监测和精准帮扶，落实巩固拓展脱贫攻坚成果同乡村振兴有效衔接政策，推动各级各部门细化政策举措，加强政策协同，形成工作合力；要加大对重点区域的倾斜支持力度，加大财政金融支持力度；要深化东西部协作和中央单位定点帮扶，引导社会力量广泛参与帮扶，为脱贫地区引进理念、人才、资金、技术等要素，助力脱贫地区培育新的经济增长点；要深化驻村帮扶，切实发挥好驻村第一书记和工作队在建强村党组织、推进强村富民、提升治理水平、为民办事服务等方面的作用；要统筹开展乡村振兴战略实绩考核、巩固拓展脱贫攻坚成果同乡村振兴有效衔接考核评估，优化考核评估方式，用好考核评估结果，发挥好“指挥棒”作用，压紧压实责任，把脱贫人口和脱贫地区的帮扶政策衔接好、措施落到位。文件对增强脱贫地区和脱贫群众内生发展动力进行了有针对性的具体部署：总的要求是把增加脱贫群众收入作为根本任务，把促进脱贫县加快发展作为主攻方向，更加注重扶志扶智，聚焦产业就业，用发展的办法让脱贫成果更加稳固、更可持续。一要培育提升产业，二要积极扩大就业，三要坚持用发展的办法推动脱贫地区增强内生发展动力。

第三，扎实推进宜居宜业和美乡村建设。在宜居方面，要求各地区各部门瞄准“农村基本具备现代生活条件”的目标，立足实际，科学规划，扎实推进乡村发展、乡村建设、乡村治理，让农民就地过上现代文明生活。具体部署包括：一要规划先行。严禁违背农民意愿撤并村庄、搞大社区，防止大拆大建、盲目建牌楼亭廊“堆盆景”，要立足乡土特征、地域特点和民族特色提升村庄风貌，留住乡韵乡愁。二要在改善人居环境上下足功夫。持续开展村庄清洁行动，分类梯次推进农村生活污水治理，推动农村生活垃圾源头分类减量。三要着力改善公共服务。要求各地区各部门推动基本公共服务资源下沉，着力加强薄弱环节，加快防疫、养老、教育、医疗等方面的公共服务设施建设，进一步完善农村社会保障体系，提升基本公共服务能力。在宜业方面，要推动乡村产业高质量发展。一是要按照“土特产”三个字的要求谋篇布局，着力强龙头、补链条、兴业态、树品牌，提升产业市场竞争力和抗风险能力，带动农民就地就近就业创业。二是各地要着力完善产业发展联农带农的利益联结机制，加快形成企业和农户在产业链上优势互补、分工合作的格局，把产业增值收益更多留给农民。在和美方面，文件强调乡村塑形与铸魂并重、物质文明与精神文明协调，以“和”的理念德化人心、凝聚人心，确保农村人心向善、稳定安宁。一是要完善乡村治理体系，二是要加强农村精神文明建设，三是要提升乡村治理效能，四是要用好传统治理资源和现代治理手段，五是要依法严厉打击侵害农村妇女儿童权利的违法犯罪行为，六是完善推广积分制、清单制、数字化、接诉即办等务实管用的治理方式。

第四，强化实施乡村振兴战略的组织保障。一是始终坚持党的全面统一领导。完善党领导“三农”工作体制机制，健全党委全面统一领导、政府负责、党委农村工作部门统筹协调的农村工作领导体制；建立实施乡村振兴战略领导责任制，实行中央统筹、省负总责、市县乡抓落实的工作机制，县委书记要把主要精力放在抓“三农”工作上，当好乡村振兴“一线总指挥”，各级党委和政府主要领导要切实担负起实施乡村振兴战略的领导责任；强化各级党委和政府责任，省级党委和政府要对本地乡村振兴负总责，县级党委和政府要负起抓落实的责任；明确国家层面专责部门，国务院农业农村主管部门负责全国乡村振兴促进工作的统筹协调、宏观指导和监督检查；落实各级相关部门责任，各级党委农村工作部门要切实履行好牵头抓总职责，加强对实施乡村振兴战略的统筹协调。二是建立考核报告制度。国家实行乡村振兴战略实施目标责任制和考核评价制度，把巩固拓展脱贫攻坚成果纳入乡村振兴考核范围；完善评估制度，因地制宜建立客观反映乡村振兴进展的指标和统计体系。三是健全多元投入保障机制。继续坚持财政优先保障，国家建立健全实施乡村振兴战略财政投入保障制度；加大金融重点倾斜力度，健全金融支农组织体系，创新金融支农产品和服务，创新服务模式，完善金融支农激励政策，健全农村金融风险缓释机制，引导更多金融资源支持乡村振兴；加强土地支持政策，调整完善土地出让收入使用范围，提高土地出让收益用于农业农村比例，完善农村新增用地保障机制，盘活农村存量建设用地，建立集体经营性建设用地入市制度；吸收促进社会资本投向乡村。四是强化人才支撑。实施高素质农民培育工程，培育形成一批家庭农场、专业大户、农民合作社等建设现代农业的生力军；实施引才回乡工程，完善返乡创业支持保障体系；制定财政、金融、社会保障等激励政策，吸引各类人才返乡入乡创业；建立选派第一书记工作长效机制；强化对160个重点县的科技和人才支撑。五是深化农村改革、城乡改革。主要是加快构建城乡融合发展体制机制和政策体系，健全农业转移人口市民化机制，维护进城落户农民土地承包权、宅基地使用权、集体收益分配权，建立科技成果入乡转化机制。

（六）《中共中央　国务院关于实现巩固拓展脱贫攻坚成果同乡村振兴有效衔接的意见》

文件指出，我国打赢脱贫攻坚战、全面建成小康社会后，要在巩固拓展脱贫攻坚成果的基础上，做好乡村振兴这篇大文章。这就需要进一步统一思想认识、明确巩固成果责任、形成乡村振兴合力。在明确有效衔接的指导思想、基本思路和目标任务、主要原则的基础上，文件着重从建立健全长效机制方面，对巩固拓展脱贫攻坚成果进行部署，目的是要稳政策、防返贫、固成果，坚决守住不发生规模性返贫的底线。

文件在聚焦改善脱贫地区发展条件、增强发展内生动力方面，重点部署：一是支持乡村特色产业发展壮大，二是促进脱贫人口稳定就业，三是持续改善脱贫地区基础设施条件，四是进一步提升脱贫地区公共服务水平。文件明确在西部地区脱贫县中确定一批国家乡村振兴重点帮扶县给予集中支持，增强其区域发展能力；支持各地在脱贫县中自主选择一部分县作为乡村振兴重点帮扶县；坚持和完善东西部协作和对口支援、社会力量参与帮扶机制。

文件要求以现有社会保障体系为基础，健全农村低收入人口常态化帮扶机制。

文件在保持脱贫攻坚主要政策总体稳定的基础上，对一些重大政策的调整优化提出了方向性、原则性要求，主要包括财政投入政策、金融服务政策、土地支持政策、人才智力支持政策等方面。

文件对如何做好脱贫攻坚与乡村振兴在领导体制和工作机制上的有效

衔接提出了要求：在领导体制上，明确构建责任清晰、各负其责、执行有力的乡村振兴领导体制，充分发挥中央和地方各级党委农村工作领导小组作用，建立统一高效的实现巩固拓展脱贫攻坚成果同乡村振兴有效衔接的决策议事协调工作机制等。在工作体系上，强调及时做好巩固拓展脱贫攻坚成果同全面推进乡村振兴在工作力量、组织保障、规划实施、项目建设、要素保障方面的有机结合，持续加强脱贫村党组织建设，选好用好管好乡村振兴带头人，继续选派驻村第一书记和工作队等。在规划实施和项目建设上，提出将实现巩固拓展脱贫攻坚成果同乡村振兴有效衔接的重大举措纳入“十四五”规划，科学编制“十四五”时期巩固拓展脱贫攻坚成果同乡村振兴有效衔接规划。在考核机制上，明确把巩固拓展脱贫攻坚成果纳入市县党政领导班子和领导干部推进乡村振兴战略实绩考核范围，与高质量发展综合绩效评价做好衔接，科学设置考核指标，强化考核结果运用。

知识链接

2005年，我国开始实施农村饮水安全工程。农村饮水安全工程是指向县（市、区）以下（不含县城城区）的乡镇、村庄、学校、农场、林场等居民及分散住户供水的工程，以使他们及时、方便地获得足量、洁净、负担得起的生活饮用水。农村饮水安全工程建设自实施以来，工作取得显著成效。2009年，我国提前6年实现了《联合国千年宣言》提出的饮水安全发展目标。2020年6月底，我国所有贫困人口按照现行标准全面实现饮水安全。

5 全面推进乡村振兴的重点和关键是什么？

习近平总书记指出："全面推进乡村振兴是新时代建设农业强国的重要任务。""建设农业强国，当前要抓好乡村振兴。""总的要求仍然是全面推进产业、人才、文化、生态、组织'五个振兴'。'五个振兴'是相互联系、相互支撑、相互促进的有机统一整体，要统筹部署、协同推进，抓住重点、补齐短板，还要强调精准、因地制宜，激发乘数效应和化学反应，提高全面推进乡村振兴的效力效能。"全面推进乡村振兴是一项复杂、艰巨、长期的系统工程，在建设农业强国、推进中国式现代化背景下，提高全面推进乡村振兴的效力效能，就是要在习近平总书记关于"三农"工作的重要论述指引下，在坚持党的全面领导下，理解和把握好以下重点和关键：把防止返贫作为前提，把乡村产业发展作为关键，把乡村建设作为基础，把乡村治理作为根本，把城乡融合发展作为目标，把凝聚合力作为保障，把推进路径创新作为支撑。

乡村振兴是一项长期的历史性任务。全面推进乡村振兴的重点和关键，一是要夯实振兴基础，二是要统筹推进“三个乡村”，三是要促进融合发展，四是要凝聚振兴合力，五是要创新发展路径。

一、夯实振兴基础

习近平总书记指出：“打好脱贫攻坚战是实施乡村振兴战略的优先任务。”①“乡村振兴的前提是巩固脱贫攻坚成果，要持续抓紧抓好，让脱贫群众生活更上一层楼。要持续推动同乡村振兴战略有机衔接，确保不发生规模性返贫，切实维护和巩固脱贫攻坚战的伟大成就。”②“保障粮食和重要农产品稳定安全供给始终是建设农业强国的头等大事。”“只有把牢粮食安全主动权，才能把稳强国复兴主动权。”③

（一）巩固拓展脱贫攻坚成果是全面推进乡村振兴的底线任务

习近平总书记指出：“要继续压紧压实责任，发挥好防止返贫监测帮扶机制预警响应作用，把脱贫人口和脱贫地区的帮扶政策衔接好、措施落到位，实现平稳过渡，坚决防止出现整村整乡返贫现象。”④乡村振兴的前提是巩固脱贫攻坚成果，确保不发生规模性返贫。一是要着力提升监测帮扶机制效果。二是要着力促进脱贫群众持续增收。三是要着力加大国家乡村振兴重点帮扶县和易地扶贫搬迁集中安置区支持力度。四是要着力抓好

① 习近平：《论“三农”工作》，中央文献出版社，2022，第280页。

② 《中央农村工作会议在京召开　习近平对做好“三农”工作作出重要指示　李克强提出要求》，《人民日报》2021年12月27日第1版。

③ 习近平：《加快建设农业强国　推进农业农村现代化》，《求是》2023年第6期。

④ 同上。

各项举措落实，主要是压实责任、凝聚合力、持续提升乡村振兴系统干部能力和水平，确保中央决策部署落地见效。

做好过渡期内领导体制、工作体系、发展规划、政策举措、考核机制等有效衔接。一是领导体制衔接。主要是健全中央统筹、省负总责、市县乡抓落实的工作机制，构建责任清晰、各负其责、执行有力的乡村振兴领导体制，层层压实责任，建立统一高效的实现巩固拓展脱贫攻坚成果同乡村振兴有效衔接的决策议事协调工作机制。二是工作体系衔接。中央、省、市、县以及各行业部门设立乡村振兴工作机构，为全面推进乡村振兴提供机构保障。各有关部门在中央农村工作领导小组框架下从不同角度、不同层面推进乡村振兴。三是发展规划衔接。把实现巩固拓展脱贫攻坚成果同乡村振兴有效衔接的重大举措纳入“十四五”规划，将脱贫地区巩固拓展脱贫攻坚成果和乡村振兴重大工程项目纳入“十四五”相关规划。四是政策举措衔接。落实好过渡期脱贫攻坚调整优化后涵盖的财政、税收、金融、土地、教育、健康、医保、住房、饮水、产业、就业等方面的33项政策，特别是财政扶贫资金支持、资金整合、信贷保险、土地支持、人才智力支持等政策。五是考核机制衔接。把巩固拓展脱贫攻坚成果纳入市县党政领导班子和领导干部推进乡村振兴战略实绩考核范围，创新完善督查方式，确保政策举措有效落实。

（二）守住粮食安全底线

粮食安全是国家安全的重要战略基础。习近平总书记念兹在兹：“保障好初级产品供给是一个重大战略性问题，中国人的饭碗任何时候都要牢牢端在自己手中，饭碗主要装中国粮。”“决不能在吃饭这一基本生存问题上让别人卡住我们的脖子。”“对粮食安全不能有丝毫松懈。”[①]

---

① 《“饭碗主要装中国粮”（总书记牵挂的粮食安全）》，《人民日报》2022年2月18日第1版。

藏粮于地。严守18亿亩耕地红线，坚决遏制耕地“非农化”，防止“非粮化”。要强化责任落实，健全党领导下的耕地保护组织体系、管理制度、考核方式、监管手段，集合多方力量，形成齐抓共管的机制。打好政策组合拳，完善耕地保护体系、构建管理体系、坚持靶向施策等多措并举，确保耕地数量，提升耕地质量，盘活耕地存量，控制耕地变量。严肃追责问责。

藏粮于技。要鼓励和支持开发、推广应用先进农业技术；强化种业自主创新，开展种源“卡脖子”技术攻关，加快构建种业创新体系，开展种源关键核心技术攻关，实施农业生物育种重大科技项目，强化新品种选育和推广。

在增产和减损两端同时发力。既要调动农民的种粮积极性，也要让节约粮食在全社会蔚然成风。抓好藏粮于储，科学确定粮食储备功能和规模，改革完善粮食储备管理体制，健全粮食储备运行机制，强化内控管理和外部监督，加快构建更高层次、更高质量、更有效率、更可持续的粮食安全保障体系。强化粮食产购储加销协同保障。

充分调动“两个积极性”，即农民的种粮积极性和地方政府重粮抓粮积极性。加强对农业的补贴和支持力度，让农民种粮有利可图。优化粮食补贴政策体系，释放新型农业经营主体种粮潜力。完善农业支持保护制度，加快构建新型农业补贴政策体系。健全农业专业化社会化服务体系，支持家庭农场、农民合作社、农业产业化龙头企业多种粮、种好粮。完善粮食主产区利益补偿机制，激发地方政府重农抓粮的积极性，促进我国粮食、油料和制种产业发展。

大力发展农产品全产业链保障重要农产品稳定安全供给。在提升大豆和油料产能、保障“菜篮子”产品供给、统筹做好重要农产品调控的同时，必须大力发展农产品全产业链，延伸农产品产业链条，推动乡村产业高质量发展。

粮食安全是政治问题，要压实各级党政机关的政治责任。“粮食安全党政同责要求很明确，现在关键是要严格考核，督促各地真正把责任扛起来。”①

二、统筹推进“三个乡村”

党的二十大对全面推进乡村振兴作出决策部署，在巩固拓展脱贫成果的基础上，聚焦产业促进乡村发展，扎实稳妥推进乡村建设，加强和改进乡村治理。统筹推进乡村发展、乡村建设、乡村治理这“三个乡村”，是乡村振兴系统性特征的要求，是系统观念、系统思维在全面推进乡村振兴中的体现，是加快建设农业强国、推进农业农村现代化的有效举措。

（一）聚焦产业促进乡村发展

产业是乡村振兴之基、富民之本、致富之源。产业兴旺是解决农村一切问题的前提②。乡村“五个振兴”，产业振兴是重中之重。解决我国当前农业经营效益低，农村居民增收难、乡村建设发展滞后等问题，基础和前提都是要加快发展乡村产业。发展乡村产业是实现乡村振兴的根本所在，要解决几亿农民的富裕问题，实现乡村全面振兴，必须把乡村产业发展起来。

2018—2023年，党中央每年印发的一号文件都是以推进乡村振兴战略实施为主题，都对发展乡村产业进行专题部署。每年推进产业振兴的政策措施、工作重点安排，构成了乡村产业振兴的路径策略体系，在实践中走出了一条具有中国特色的乡村产业发展道路。2018年的中央一号文件，以“乡村振兴，产业兴旺是重点”为主题，强调必须坚持质量兴农、绿色兴农，以农业供给侧结构性改革为主线，加快构建现代农业产业体系、生产体系、经营体系，提高农业创新力、竞争力和全要素生产率，加快实现由

---

① 习近平：《加快建设农业强国　推进农业农村现代化》，《求是》2023年第6期。

② 中央农村工作领导小组办公室：《习近平关于“三农”工作的重要论述学习读本》，人民出版社、中国农业出版社，2023，第64页。

农业大国向农业强国转变[①]。2019年的中央一号文件，以“发展壮大乡村产业，拓宽农民增收渠道”为主题，重点实施以下策略：一是加快发展乡村特色产业，二是大力发展现代农产品加工业，三是发展乡村新型服务业，四是实施数字乡村战略，五是促进农村劳动力转移就业，六是支持乡村创新创业[②]。2020年的中央一号文件，以“发展富民乡村产业”为主题进行部署，主要策略是：支持各地立足资源优势打造各具特色的农业全产业链，推动农村一二三产业融合发展；加快建设国家级、省级、市级、县级现代农业产业园，支持农村产业融合发展示范园建设；重点培育家庭农场、农民合作社等新型农业经营主体，通过多种方式，将小农户融入农业产业链；继续调整优化农业结构；有效开发农村市场，推动农产品进城、工业品下乡双向流通；强化全过程农产品质量安全和食品安全监管，引导和鼓励工商资本下乡等[③]。2021年的中央一号文件，重点围绕“构建现代乡村产业体系”进行部署，主要策略是：依托乡村特色优势资源，打造农业全产业链，把产业链主体留在县城，让农民更多分享产业增值收益。加快健全现代农业全产业链标准体系，立足县域布局特色农产品产地初加工和精深加工，建设现代农业产业园、农业产业强镇、优势特色产业集群，推进农村一二三产业融合发展示范园和科技示范园区建设。把农业现代化示范区作为推进农业现代化的重要抓手，创建现代林业产业示范区。组织开展“万企兴万村”行动。稳步推进反映全产业链价值的农业及相关产业统计核算[④]。2022年的中央一号文件，以“聚焦产业促进乡村发展”为主题，部署以下策略推进产业振兴：一是持续推进农村一二三产业融合发

① 《中共中央　国务院关于实施乡村振兴战略的意见》，《人民日报》2018年2月5日第1版。

② 《中共中央　国务院关于坚持农业农村优先发展做好“三农”工作的若干意见》，《人民日报》2019年2月20日第1版。

③ 《中共中央　国务院关于抓好“三农”领域重点工作确保如期实现全面小康的意见》，《人民日报》2020年2月6日第1版。

④ 《中共中央　国务院关于全面推进乡村振兴加快农业农村现代化的意见》，《人民日报》2021年2月22日第1版。

展，二是大力发展县域富民产业，三是加强县域商业体系建设，四是促进农民就地就近就业创业，五是推进农业农村绿色发展①。2023年的中央一号文件，以“推动乡村产业高质量发展”为主题，重点实施以下策略：一是做大做强农产品加工流通业，二是加快发展现代乡村服务业，三是培育乡村新产业新业态，四是培育壮大县域富民产业②。

在当前实践中，各地各部门贯彻落实党的二十大部署，坚持农业农村优先发展总方针，牢固树立新发展理念，落实高质量发展要求，按照实施乡村振兴战略部署，以实现农业农村现代化为总目标，以农业供给侧结构性改革为主线，围绕农村一二三产业融合发展，聚焦重点产业，聚集资源要素，强化创新引领，培育发展新动能，延长产业链、提升价值链、打造供应链，构建地域特色鲜明、承载乡村价值、创新创业活跃、利益联结紧密的现代乡村产业体系，加快形成城乡融合发展格局，为建设农业强国奠定坚实基础。重点在以下方面着力：一是优化产业空间布局，二是做强现代特色种养业，三是推进一二三产业融合发展，四是发展壮大新型经营主体，五是打造产业园区，六是实施质量兴农、绿色兴农，七是促进农村创新创业，八是推动脱贫地区帮扶产业发展迈上新台阶。

（二）积极稳妥推进乡村建设

2022年5月中共中央办公厅、国务院办公厅印发《乡村建设行动实施方案》，对进入新发展阶段国家乡村建设的总体要求、重点任务、推进机制、政策支持和要素保障、组织领导等提出了明确要求，并对扎实推进乡村建设行动、进一步提升乡村宜居宜业水平进行了部署，标志着乡村建设的顶层设计完成。该方案围绕加强农村基础设施和公共服务体系建设，提

---

① 《中共中央　国务院关于做好2022年全面推进乡村振兴重点工作的意见》，《人民日报》2022年2月23日第1版。

② 《中共中央　国务院关于做好2023年全面推进乡村振兴重点工作的意见》，《人民日报》2023年2月14日第1版。

出了12项重点任务，概括起来就是“183”行动：“1”，就是制定一个规划，确保一张蓝图绘到底；“8”，就是实施八大工程，加强农村重点领域基础设施建设，即推进道路、供水、能源、物流、信息化、综合服务、农房、农村人居环境等8个方面的基础设施建设；“3”，就是健全实施农村基本公共服务提升行动、加强农村基层组织建设、深入推进农村精神文明建设等3个体系，改善农村公共服务和乡村治理。该方案围绕强化乡村建设“人、地、钱”要素保障，提出了一揽子政策支持措施，包括投入保障、用地保障、人才保障。该方案从责任落实、项目管理、农民参与、运行管护等方面提出乡村建设实施机制，确保乡村建设行动落地见效[①]。

扎实推进乡村建设，需要创新思路、创新路径、创新方法，逐步构建完善乡村建设政策体系与机制保障。一是推进乡村建设的思路创新。首先，要从区域维度分区施策。其次，从县域维度分类指引，以乡村振兴示范县、重点帮扶县创建工作为抓手，分类构建乡村建设重点指引体系。最后，从村庄维度分型建设，城郊融合类村庄应纳入县城和镇规划，集聚提升类村庄在原有居民点基础上整治提升，特色保护类村庄形成特色资源保护与村庄发展的良性互促，拆迁撤并类村庄主要在尊重农民意愿的基础上做好迁入地的规划建设等[②]。二是推进乡村建设的路径创新。重点是构建县域统筹推进乡村建设路径。实施县域内统筹推进交通畅通工程、县域内统筹推进农村防汛抗旱和供水保障工程、县域内统筹推进乡村清洁能源建设工程、县域内统筹推进仓储保鲜冷链物流设施建设工程、县域内统筹推进数字乡村建设发展工程、县域内统筹推进农村基本公共服务体系、县域内统筹推进基层组织与精神文明服务体系[③]。三是推进乡村建设的方法创新。重点是瞄准农村基本具备现代生活条件目标，以普惠性、基础性、兜

① 高云才：《扎实稳妥推进乡村建设行动——中央农办负责人就〈乡村建设行动实施方案〉答记者问》，《人民日报》2022年5月24日第10版。

② 国家乡村振兴局：《巩固拓展脱贫攻坚成果同乡村振兴有效衔接研究》，中国农业出版社，2023，第154-158页。

③ 同上书，第158-166页。

底性民生建设为重点，稳步有序推动乡村建设重点工程实施。四是推进乡村建设的机制创新。创新责任落实机制、项目管理机制、农民参与机制，健全党组织领导的村民自治机制，创新运行管护机制[①]。

（三）加强和改进乡村治理

乡村治理事关党在农村的执政根基，实现乡村有效治理是乡村振兴的重要内容。2019年6月11日，中共中央办公厅、国务院办公厅印发《关于加强和改进乡村治理的指导意见》（简称《指导意见》），对全国乡村治理工作作了全面部署安排，进一步完善了加强和改进乡村治理工作的顶层设计。《指导意见》明确了乡村治理6方面17项重点任务。一是关于健全完善乡村治理体系和机制，二是增强基层自治能力，三是大力加强农村精神文明建设，四是大力推进乡村法治建设和综合治理，五是支持多方主体参与乡村治理，六是提升乡镇和村为农服务能力[②]。

乡村治理是国家治理的基础性工程，也是国家治理的“神经末梢”，直接关系着农业发展、农村繁荣、农民富裕。其现代化水平的高低关系到国家治理体系与治理能力现代化目标能否如期实现。面对乡村治理实践中的挑战，需要创新路径，加强和改进乡村治理。一是提高农村基层组织建设质量。着重从提升农村基层党员干部的战斗力、加强农村基层党组织的领导力、提高农村基层权力运用的约束力三个方面促进农村基层组织建设质量的持续提升。二是坚持农民主体地位。切实发挥农民在乡村治理中的主体作用，从农民群众最关心最迫切的突出问题入手开展乡村治理，以农民群众满意度作为衡量乡村治理成效的根本依据。三是健全县乡村三级治理体系功能。加强县级统筹协调，强化抓乡促村职能；推动乡镇增权增能，发挥承上启下作用；健全村级组织体系，提升具体执行效能；加强县

① 高云才：《扎实稳妥推进乡村建设行动——中央农办负责人就〈乡村建设行动实施方案〉答记者问》，《人民日报》2022年5月24日第10版。

② 《加强和改进乡村治理》，《人民日报》2019年6月24日第1版。

乡村三级治理联动，提升乡村善治水平[①]。四是健全自治、法治、德治相结合的乡村治理体系。以党组织统合引领优化基层管理体制，以构建长效激励机制提升村民各阶段公共参与的积极性，因地制宜地探索健全自治、法治、德治相结合的乡村治理体系。五是加强农村精神文明建设。加强党对农村精神文明建设的引领作用，注重农村精神文明建设的人才培养与榜样力量，拓展新时代文明实践中心的载体作用。六是推进更高水平的平安法治乡村建设。加快完善农村治安防控体系，推进法治乡村建设，特别是要完善预防性法律制度，坚持和发展新时代“枫桥经验”。七是创新治理方式与手段。对现有有效的治理手段进行整合，积极利用云计算、大数据、区块链等最新的数字化手段拓宽村民参与乡村治理的渠道，进一步激活农民的主观能动性和创新性。八是完善协同推进机制。建立乡村治理工作协同运行机制，各部门按照各自职责，强化政策、资源和力量配备，加强工作指导，做好协同配合，形成工作合力。

三、促进融合发展

中国特色乡村振兴道路本质上就是中国融合发展道路。全面推进乡村振兴，易地扶贫搬迁安置区的社会融入和产业、城乡的融合发展，对于以融合发展实现乡村振兴，起着重要的制约作用。

（一）易地扶贫搬迁安置区的社会融入

实现易地扶贫搬迁是针对生活在“一方水土养不好一方人”地区贫困人口实施的一项专项扶贫工程。易地扶贫搬迁安置区的社会融入是开展易地扶贫搬迁后续扶持工作的优先重点。解决好易地扶贫搬迁安置区的社会融入问题，是帮助近千万通过搬迁方式脱贫的人口逐步实现稳得住、有就

① 国家乡村振兴局：《巩固拓展脱贫攻坚成果同乡村振兴有效衔接研究》，中国农业出版社，2023，第269-272页。

业、能致富目标的基础和关键。易地扶贫搬迁安置区的社会融入面临诸多困难和挑战。从全国层面看，难点在于生活在大型特大型城镇安置区、“三区三州”等原深度贫困地区安置区的搬迁群众。完善易地扶贫搬迁安置区的社会融入的政策体系并持续推进落地见效的主要路径：一是有力有序出台专项政策，二是全力保障后续扶持资金，三是精准推进各项政策措施落实。

易地扶贫搬迁安置区社会融入的典型经验做法：第一，党建引领，构建社会融入帮扶体系；第二，科技助力，落实精细化管理；第三，社会帮扶，探索新途径；第四，分类施策，关爱特殊群体。

推进易地扶贫搬迁安置区社会融入的政策路径：一是切实把稳定就业摆在首要位置；二是坚持把发展产业作为根本途径；三是着力促进安置社区和谐稳定；四是加快补齐公共服务短板；五是着力解决易地扶贫搬迁安置区社会融入中存在的主要问题，包括物业管理难题，住宅专项维修资金缺失问题，特殊群体社会融入心理问题，人口自然增长后住房困难问题，户口迁移有顾虑、进展滞后问题。

加快推进易地扶贫搬迁安置区社会融入的具体对策：一是推行精细化管理体系建设，二是探索安置社区物业管理模式多元化，三是出台搬迁安置区住宅维修资金管理办法，四是构建安置区“刚需”住房保障体系。

（二）促进产业融合发展

推动农村一二三产业融合发展，不仅是中国城乡一体化发展的重要组成部分，是提高农民增收的重要手段，也是实施乡村振兴战略，加快推进农业农村现代化的重要途径。2016年，《国务院办公厅关于推进农村一二三产业融合发展的指导意见》印发，一二三产业融合成为国家战略；2022年的中央一号文件进一步强调“持续推进农村一二三产业融合发展”，并将其作为文件第四部分“聚焦产业促进乡村发展”的第一条。

促进农村一二三产业融合发展取得显著实践成效：一是农村产业融合

主体不断涌现，二是优质安全农产品供给大幅增加，三是农村新产业新业态提档升级，四是农企利益联结机制更加紧密，五是农民增收与就业渠道日益多元。

促进农村一二三产业融合发展面临的主要问题：一是开展农村一二三产业融合发展的目的指向不够明确。二是农村产业融合同质化严重，产业融合发展层次不高。三是农村产业融合主体力量缺失，农民主体作用不显著。

促进农村一二三产业融合发展的实践路径：一是完善利益分配，构建紧密利益联结机制。二是聚焦要素需求，完善要素供给政策体系。三是培育市场主体，激发融合发展市场活力。四是强化应急管理，有效应对各种风险挑战。五是大力推动现代农业产业园建设。

（三）促进城乡融合发展

“要把乡村振兴战略这篇大文章做好，必须走城乡融合发展之路。”①党的十八大以来，习近平总书记对加快城乡融合与协调发展进行了一系列重要部署，努力加快完善城乡一体化发展的体制机制，促进城乡要素平等交换和公共资源均衡配置，形成经济、政治、文化、社会、生态“五位一体”的新型城乡融合机制。习近平总书记关于城乡融合发展的重要论述为建立健全城乡融合发展体制机制和政策体系、全面推进乡村振兴提供了根本遵循。

推进县域内城乡融合发展的路径：一是坚守两条底线，巩固拓展衔接。首先，要守住不发生规模性返贫的底线；其次，要发挥好农业压舱石作用，守护耕地保护红线，坚守粮食安全底线，为中华民族伟大复兴提供基础和支撑。二是抢抓发展机遇，壮大县域经济。依托县域特色优势资源发展农业、畜牧业、旅游业、工业诸产业；通过招商引资承接区域产业转

---

① 中共中央党史和文献研究院：《习近平关于“三农”工作论述摘编》，中央文献出版社，2019，第45页。

移、融入区域（跨区域）产业协作；通过技术创新驱动、成果孵化培育和壮大新兴产业发展等形式发展新型工业（服务业）部门。三是统筹规划布局，实现城乡贯通。把实现城乡基础设施和基本公共服务互联互通作为城乡融合发展的重要内容。四是深化县域改革，盘活各类资源。五是坚持人民至上，提升治理能力。

四、凝聚振兴合力

东西部扶贫协作、中央单位定点扶贫、民营企业“万企帮万村”、驻村扶贫为打赢脱贫攻坚战作出重要贡献。在脱贫攻坚过渡期，巩固拓展脱贫攻坚成果、全面推进乡村振兴依然需要完善和创新东西部协作、定点帮扶、“万企兴万村”、驻村帮扶制度政策，凝聚振兴的强大合力。

（一）强化东西部协作

“东西部协作”作为推进乡村振兴一项重要制度安排，是从“东西部扶贫协作”演进而来。脱贫攻坚任务完成后，“三农”工作重心的历史性转移，对东西部扶贫协作工作提出了新的要求。2021年3月，中共中央办公厅、国务院办公厅印发《关于坚持和完善东西部协作机制的意见》，把“东西部扶贫协作”提升为“东西部协作”，强调坚持和完善东西部协作的重要意义，确立结对帮扶关系，明确保持资金投入力度和干部人才选派力度不减，重点做好产业协作、劳务协作、消费协作、创新协作方式等工作要求。

在习近平总书记关于扶贫工作的重要论述的指引下，各地贯彻落实中央有关决策部署，在东西部协作实践中探索形成了产业协作、劳务协作、消费帮扶、社会帮扶、生态扶贫等机制路径，包括以产业协作夯实农民增收基础，以劳务协作确保稳岗就业，拓宽平台促进消费帮扶，动员社会力量强化人才支援，践行“两山”理念促进生态建设。这些机制路径，在助力脱贫攻坚取得决定性胜利的基础上，对促进城乡统筹发展、区域协调发展、乡村全面振兴产生重要推动作用和影响。

持续优化东西部协作机制和措施体系，包括：一是把尊重市场规律和产业发展规律摆在强化东西部协作的突出位置，二是把更加充分调动社会力量作为强化东西部协作的优先着力点，三是把提升西部地区的人力资本质量作为强化东西部协作的核心领域，四是把促进区域协调发展作为东西部协作重要目标，五是把完善东西部协作工作机制作为巩固拓展脱贫攻坚成果、全面推进乡村振兴的重要举措。

（二）加强定点帮扶

定点帮扶是指中央单位包括党政机关、企事业单位、金融机构、科研院所、社会团体等，按照政策文件的要求，帮助1个或若干个特定的、国家列出的重点县发展的一种帮扶模式，目的是促进中央单位参与扶贫和乡村振兴工作。脱贫攻坚任务完成后，按照党中央的统一部署，共有305家中央单位定点帮扶中西部地区592个脱贫县。2021年4月，习近平总书记指出，中央定点帮扶单位要落实帮扶责任，发挥自身优势，创新帮扶举措，加强工作指导，督促政策落实，提高帮扶实效①。

定点扶贫为我国脱贫攻坚事业作出了重要贡献，在完善工作机制、派驻挂职干部、筹措资金投入、组织消费扶贫、开展特色帮扶等方面积累了基本经验。打赢脱贫攻坚战后，定点帮扶工作延续了脱贫攻坚阶段的经验做法，同时与乡村振兴战略实施要求相适应，各单位对定点帮扶的工作机制和工作重点内涵进行了拓展、完善：一是帮扶，工作重心逐渐转移聚焦到巩固拓展脱贫攻坚成果同乡村振兴有效衔接，二是更注重脱贫地区和脱贫群众内生动力的激发，三是帮扶工作方式拓展到县域经济社会综合发展的诸多方面。

定点帮扶丰富和发展了中国特色乡村振兴道路。从政治维度看，定点

---

① 《习近平对深化东西部协作和定点帮扶工作作出重要指示强调　适应形势任务变化　弘扬脱贫攻坚精神　加快推进农业农村现代化　全面推进乡村振兴》，《人民日报》2021年4月9日第1版。

帮扶工作彰显了中国特色社会主义制度优势；从发展维度看，定点帮扶有助于促进定点帮扶县从内而外地提升；从治理能力维度看，定点帮扶是中央单位加强自身建设和直通基层的有效渠道。定点帮扶还使得各帮扶单位充分融入了巩固拓展脱贫攻坚成果、全面推进乡村振兴的国家战略，通过实际行动贯彻了党中央的决策部署，充分彰显了旗帜鲜明讲政治的本色，对地方和社会具有鲜明的示范引领作用。同时，各中央单位将定点帮扶工作和干部培养有机结合起来，挂职干部在应对和处理各种复杂问题、复杂矛盾的实践过程中获得宝贵的基层工作经验，这对于中国共产党的组织建设和干部个人成长都具有深远意义。

（三）优化“万企兴万村”行动

脱贫攻坚战打响后，全国工商联联合国务院扶贫办、中国光彩事业促进会、中国农业发展银行共同发起了“万企帮万村”精准扶贫行动。该行动以民营企业为帮扶主体，以建档立卡贫困村贫困户为帮扶对象，以产业、就业、公益、智力扶贫为主要帮扶形式，作为十大精准扶贫行动被写入《中共中央 国务院关于打赢脱贫攻坚战的决定》。经各方努力，民营企业“万企帮万村”精准扶贫行动取得了良好的政治、经济、社会效益，为脱贫攻坚取得全面胜利作出了特殊贡献。进入新时代新征程，全国工商联及有关部门运用“万企帮万村”行动成果，接续组织启动“万企兴万村”，聚焦“三区三州”和160个国家乡村振兴重点帮扶县，明确行动边界、途径、组织方式和振兴手段，分类指导、重点推动，不断夯实脱贫攻坚成果，助力在新征程上全面推进乡村振兴。从“万企帮万村”到“万企兴万村”，是巩固拓展脱贫攻坚成果、接续推进乡村振兴的重要举措，民营企业成为推进乡村振兴的重要力量。

民营企业极具活力和创造力，参与乡村振兴具有很多独特优势。一是市场反应灵敏、决策机制灵活，能够把市场经济意识、先进管理理念带到乡村，激发内生动力。二是敢闯敢干敢试、集聚创新要素，能够把先进技术模式、现代生产要素引入乡村，发展新产业新业态。三是劳动密集产业居多、就业形势灵活多样，能够把更多的就业岗位留在乡村、留给农民，更好地带动就业增收[①]。

实现从“万企帮万村”到“万企兴万村”的转移，必须准确理解和把握中央全面推进乡村振兴战略的丰富内涵，借鉴脱贫攻坚宝贵制度成果，完善政策体系、制度体系和工作体系，逐步实现从集中资源支持脱贫攻坚向全面推进乡村振兴的平稳过渡。一是聚焦目标任务转变，二是聚焦关键问题的转移，三是聚焦发挥市场作用，四是聚焦农民致富的根本，五是聚焦全面发展，六是聚焦用好平台。

促进民营企业参与乡村振兴的路径：一要深化理念宣传，进一步提升民营企业对参与乡村振兴的社会认知、价值认同。二要树立典型，强化示范效应，真正将主动参与乡村振兴并实现“双赢”的民营企业的典型树立起来，推广经验，提高社会认知，凝聚人心，鼓励有情怀、有想法的民营企业家回归农村，反哺农村。三要优化资源配置，夯实政策支撑，让民营企业切身感受到参与乡村振兴战略应有的利益获得感，真正让民营企业在参与乡村振兴的过程中有盼头、有甜头、有前景、可持续。四要优化公共平台，提升服务质量，坚持政府引导、企业主体，加快平台、产业、企业之间的信息交流，加强乡村大数据平台建设，实现“互联网+企业”“互联网+农业”，为民营企业高效参与乡村振兴提供大舞台。五要以高度的政治认同团结广大民营企业家，激发民营企业参与乡村振兴的积极性。六要建立健全组织机制以强化组织力。

（四）持续驻村帮扶

在我们党的历史上，派驻农村工作队是完成各个历史时期农村中心工作的重要机制。党的十八大以来，为打赢脱贫攻坚战，有超过300万来自国

① 李春光：《“万企兴万村”行动的实践与思考》，《中国乡村振兴》2022年第11期。

家机关和企事业单位的干部作为第一书记和驻村帮扶工作队员，被派驻到12.8万个贫困村，与数百万贫困地区的乡镇干部和村干部一起奋战在脱贫攻坚的第一线，成为如期完成脱贫攻坚目标任务不可或缺的重要力量。在脱贫攻坚战全面胜利后，“三农”工作重心历史性转移到全面推进乡村振兴上，2021年5月，中共中央办公厅印发了《关于向重点乡村持续选派驻村第一书记和工作队的意见》，要求对脱贫村、易地扶贫搬迁安置村（社区），继续选派第一书记和工作队，健全常态化驻村工作机制，为全面推进乡村振兴、巩固拓展脱贫攻坚成果提供坚强组织保证和干部人才支持。2023年的中央一号文件明确，要派强用好驻村第一书记和工作队，强化派出单位联村帮扶。

总的看，驻村帮扶乡村振兴工作成效明显。《关于向重点乡村持续选派驻村第一书记和工作队的意见》印发后，各地结合实际，围绕乡村振兴任务需要和驻村帮扶工作要求，出台了一系列政策措施，建立健全驻村帮扶工作机制，努力发挥驻村干部的积极作用。一是巩固了脱贫攻坚成果，二是助力了乡村产业发展，三是推动基层治理提质增效。

持续提升驻村帮扶成效的路径。一要持续优化帮扶干部结构，注重派驻质量，精选派驻人员。二要持续完善驻村帮扶工作激励机制，如完善驻村干部激励机制、制定负向激励制度等。三要持续建立健全驻村帮扶协调机制。探索村庄发展与驻村帮扶部门及干部双向选择机制，建立健全帮扶单位认领机制等。四要持续优化驻村帮扶成效评估办法。开展专题研究，做好培训工作，加强过程督导和结果管理。

五、创新发展新路径

脱贫攻坚取得全面胜利后，各地深入贯彻习近平总书记关于“三农”工作的重要论述，全面落实中央及国家各部委关于巩固拓展脱贫攻坚成果同乡村振兴有效衔接的系列政策，在推进巩固拓展脱贫攻坚成果同乡村振兴有效衔接进程中开展了多种类型的创新实践，积累了许多好做法好经验，丰富了中国特色乡村振兴道路。

（一）深化农村改革

党的十八大以来，习近平总书记亲力亲为抓改革，部署推动了承包地“三权分置”改革、农村集体产权制度改革等一系列重大改革任务，强调“全面推进乡村振兴，必须用好改革这一法宝”[①]。一系列关于农村改革的重要论述为深化农村改革提供了根本遵循：明确了农村改革的价值取向和根本方向，阐明了农村改革的根本方法，阐述了农村改革的途径和内容，强调了农村改革的基本要求。党的十九大提出实施乡村振兴战略以来，按照习近平总书记提出的新思想新观点新论断，党中央、国务院坚定不移深化农村改革，在每年的中央文件中围绕乡村振兴对深化农村改革作出部署。各项改革深入推进，持续释放乡村振兴新动能。

（二）推动路径创新

脱贫攻坚取得全面胜利后，各地积极创新举措，推进乡村振兴。以陕西、湖北两省为例，两地在巩固拓展脱贫攻坚成果同乡村振兴有效衔接、全面推进乡村振兴实践中，积极探索实践，形成了许多创新发展路径。

陕西省集成创新推进巩固拓展脱贫攻坚成果同乡村振兴有效衔接的经验做法主要如下：一是创新体系，健全防止返贫动态监测和帮扶机制；二是创新模式，发展产业，夯实有效衔接基础；三是创新路径，促进稳岗就业，确保群众稳定增收；四是创新方式，打出重点帮扶政策组合拳；五是创新思路，发展壮大县域经济，促进有效衔接；六是创新平台，发挥智库作用，助力有效衔接。

湖北省用发展办法实现巩固拓展脱贫攻坚成果、全面推进乡村振兴的创新实践经验主要如下：一是以共同缔造作为工作理念和方法，贯彻落实到乡村振兴全领域；二是以强县工程为抓手，走县域共同发展之路；三是

① 习近平：《论“三农”工作》，中央文献出版社，2022，第14页。

发挥科教大省优势，坚持以科技赋能乡村产业增值；四是以小型化分布式设施的模式创新，解决偏远山区垃圾处理难题；五是改革县域寄递物流运作模式，打通“最后一公里”与“最初一公里”。

（三）着力示范创建

开展乡村振兴示范创建是中央的要求，是由乡村振兴战略实施的复杂性和区域发展的差异性所决定的，是我们党“抓点带面推进工作”历史经验的时代运用，是有效降低创新成本，提高面上推进工作成效的根本路径，具有多重功能和价值。乡村振兴战略提出以来，党中央、国务院及有关部门从政策上提出要求或出台专门政策文件，推动和规范示范创建活动。

党的十八大以来，围绕“三农”领域、乡村振兴工作，国家层面先后开展了30项示范创建活动。乡村振兴示范创建在创新政策先行先试和体制机制改革等方面取得了显著成效。各级政府在乡村发展、乡村建设和乡村治理领域都进行了有益探索。其中的一些政策措施经过进一步试点后得以推广到全国实施。与此同时，各省（区、市）积极响应，按照国家及有关部门政策落实要求，结合实际，积极在农村一二三产业融合发展、示范园区建设、乡村产业发展、乡村治理体系建设等方面推出了一系列先行先试措施。通过系列示范创建活动的开展，充分调动了地方推进乡村振兴的积极性，有力激发了乡村振兴过程中各类参与主体的活力，有效发挥了试点示范作用，形成了一批可复制、可推广的经验，为巩固拓展脱贫攻坚成果、全面推进乡村振兴探索了新路径、新模式，成为贯彻新发展理念、构建新发展格局、引领高质量发展的重要力量。

在示范创建实践中，多部门积极推进乡村振兴示范创建活动。新时代十年，“三农”领域示范创建活动总体呈上升趋势。各省（区、市）对示范创建工作关注度越来越高，各地对争取示范创建的积极性不断提升。从示范创建活动发文机构看，2017—2023年，农业农村部主导的示范创建活动有

16项，占比53%；多部门联合发文实施的示范创建活动有14项，占比47%。这些示范创建活动的内容主要集中在：一是粮食和重要农产品稳定安全供给；二是突出壮大乡村产业，拓宽农民增收致富渠道；三是改善乡村基础设施和公共服务；四是加强和改进乡村治理。从示范创建活动的层级看，创建的层级分省、市、县、乡、村，与省、市、县、乡、村五级书记抓乡村振兴相契合。例如，“百县千乡万村”乡村振兴示范创建，要求分级创建一批乡村振兴示范县、示范乡镇、示范村，引领乡村振兴全面展开。每年组织创建100个左右国家乡村振兴示范县，省级农业农村部门、乡村振兴局组织创建1000个左右乡村振兴示范乡镇、1万个左右乡村振兴示范村，分层级推进示范创建。乡村振兴示范活动取得积极成效：一是明确了发展目标，解决了突出问题；二是促进了地方先行先试，降低了试错成本；三是树立了一批示范典型，树立了学习样板；四是展示了发展前景，营造了乡村振兴良好氛围。

知识链接

20世纪60年代初，浙江省绍兴市诸暨县（今诸暨市）枫桥镇干部群众创造了“发动和依靠群众，坚持矛盾不上交，就地解决，实现捕人少、治安好”的“枫桥经验”。1963年，毛泽东同志对“枫桥经验”表示肯定，亲笔批示“要各地仿效，经过试点，推广去做”。“枫桥经验”由此在全国推广。之后，“枫桥经验”得到不断发展，形成了具有鲜明时代特色的“党政动手，依靠群众，预防纠纷，化解矛盾，维护稳定，促进发展”的枫桥新经验在浙江遍地开花结果，于全国各地大放异彩。实践充分证明，“枫桥经验”是党领导人民创造的一整套行之有效的社会治理方案，是我国推进基层社会治理的“金字招牌”。

6 怎样守住不发生规模性返贫底线？

在脱贫攻坚取得胜利后，党中央作出全面推进乡村振兴的部署，这是“三农”工作重心的历史性转移，要求必须把脱贫摘帽作为新生活、新奋斗的起点，在巩固拓展脱贫攻坚成果的基础上，切实做好同乡村振兴的有效衔接，接续推进脱贫地区经济社会发展和群众生活改善。2020年12月，中央设立了五年脱贫攻坚过渡期，推动巩固拓展脱贫攻坚成果同乡村振兴有效衔接。自此，各地区各部门继续认真落实党中央、国务院关于实现巩固拓展脱贫攻坚成果同乡村振兴有效衔接的决策部署，在牢牢守住不发生规模性返贫的底线的基础上，脱贫地区可持续脱贫能力不断增强，乡村振兴全面推进。实践证明，我国守住了不发生规模性返贫底线，初步建立了欠发达地区持续稳定脱贫机制，产生了显著效果，积累了经验，提供了启示。

回顾总结我国脱贫攻坚的伟大成就，是理解巩固拓展脱贫攻坚成果，坚决守住不发生规模性返贫底线的思想基础。以习近平总书记关于“三农”工作的重要论述为指导，各地各部门贯彻落实中央决策部署，在守住不发生规模性返贫底线的实践探索中积累了丰富经验，为我国推进巩固拓展脱贫攻坚成果同乡村振兴有效衔接高质量发展、完善欠发达地区持续稳定脱贫机制提供了重要启示，也为全球减贫事业发展贡献了中国智慧和中国方案。

一、我国历史性地解决了中华民族的绝对贫困问题

作为世界上最大的发展中国家，中国一直是世界减贫事业的积极倡导者和有力推动者。1949年新中国成立以来，中国共产党和中国政府始终高度重视扶贫开发工作，带领人民为消除贫困作出了巨大努力。1978年实行改革开放以来，中国持续开展以农村扶贫开发为中心的国家减贫行动。2012年中国共产党召开第十八次全国代表大会，以此为标志，中国特色社会主义进入新时代，全面建成小康社会进入决胜阶段，以习近平同志为核心的党中央，把贫困人口脱贫作为全面建成小康社会的底线任务和基本标志，明确目标任务，确定精准扶贫基本方略，动员全国全党全社会打响脱贫攻坚人民战争。党的十九大把精准脱贫作为决胜全面建成小康社会必须打好的三大攻坚战之一，作出了新的部署。党的二十大报告指出：“我们坚持精准扶贫、尽锐出战，打赢了人类历史上规模最大的脱贫攻坚战，全国八百三十二个贫困县全部摘帽，近一亿农村贫困人口实现脱贫，九百六十多万贫困人口实现易地搬迁，历史性地解决了绝对贫困问题，为全球减

贫事业作出了重大贡献。”①

脱贫攻坚的历史性成就为实现全面建成小康社会作出了关键性贡献。国家统计局关于党的十八大以来经济社会发展成就系列报告之二十集中呈现了脱贫攻坚的伟大成就②。一是农村贫困人口全部脱贫，如期打赢脱贫攻坚战。2013—2020年，全国农村贫困人口累计减少9899万，年均减贫1237万人，贫困发生率年均下降1.3个百分点。贫困人口收入水平显著提高，“两不愁三保障”全面实现。国家脱贫攻坚普查结果显示，中西部22个省（区、市）建档立卡户全面实现不愁吃、不愁穿，义务教育、基本医疗、住房安全有保障，饮水安全也有保障，农村贫困人口如期全部脱贫。从不同贫困区域看，贫困地区农村贫困人口累计减少6039万，年均减贫755万人；集中连片特困地区农村贫困人口累计减少5067万，年均减贫633万人；国家扶贫开发工作重点县农村贫困人口累计减少5105万，年均减贫638万人。这些深度贫困地区同全国一起如期完成脱贫攻坚任务，区域性整体贫困得到解决。二是贫困地区农村居民收入持续较快增长，生活水平不断提高。2020年贫困地区农村居民人均可支配收入12588元，2013—2020年年均增长11.6%，比全国农村年均增速高2.3个百分点，贫困地区农村居民收入增长持续快于全国农村，与全国农村平均水平的差距进一步缩小。就业扶贫成效显著，工资性收入成为收入首要来源，贫困地区农村居民收入结构持续优化。2020年，贫困地区农村居民人均消费支出是全国农村平均水平的78.5%，比2012年提高了8.0个百分点，交通通信、教育文化娱乐和医疗保健等发展改善型消费支出增长较快，贫困地区农村居民消费水平明显提高。三是贫困地区生产生活条件显著改善，整体面貌焕然一新。贫困地区通硬化路的行政村比重为99.6%，通动力电、通信信

---

① 习近平：《高举中国特色社会主义伟大旗帜　为全面建设社会主义现代化国家而团结奋斗——在中国共产党第二十次全国代表大会上的报告》，人民出版社，2022，第7页。

② 国家统计局：《脱贫攻坚战取得全面胜利　脱贫地区农民生活持续改善——党的十八大以来经济社会发展成就系列报告之二十》，国家统计局网。

号覆盖、通宽带互联网、广播电视信号覆盖、有村级综合服务设施的行政村比重都在99%以上，有电子商务配送站点的行政村比重为62.7%，贫困地区基础设施持续完善。贫困地区教育文化设施及服务水平提升。县域医疗卫生服务能力全面提升，实现贫困人口看病有地方、有医生、有医疗保险制度保障，看病难、看病贵问题得到有效解决，贫困地区医疗卫生服务体系不断健全。贫困人口居住环境持续向好，村庄环境基本干净整洁有序，村容村貌显著提升，贫困地区农村居住条件明显改善。总之，贫困地区农村基础设施显著改善，"四通"覆盖面不断扩大，社会事业长足进步，文化教育卫生资源逐渐丰富，人民吃穿不愁，上学难、就医难、居住难以及吃水难、行路难、用电难、通信难等问题得到历史性解决。

脱贫攻坚，取得了物质上的累累硕果，也取得了精神上的累累硕果。广大脱贫群众激发了奋发向上的精气神，社会主义核心价值观得到广泛传播，文明新风得到广泛弘扬，脱贫致富热情高涨，主人翁意识显著提升，现代观念不断增强，文明新风广泛弘扬。

中国的减贫和发展加快全球减贫进程。改革开放以来，按照现行贫困标准计算，中国7.7亿农村贫困人口摆脱了贫困。按照世界银行国际贫困标准，中国减贫人口占同期全球减贫人口70%以上。在全球贫困状况依然严峻、一些国家贫富分化加剧的背景下，中国打赢脱贫攻坚战，提前10年实现了联合国《2030年可持续发展议程》减贫目标，显著缩小了世界贫困人口的版图，为实现《2030年可持续发展议程》所描绘的更加美好和繁荣的世界作出了重要贡献。作为世界上最大的发展中国家，中国实现了快速发展与大规模减贫同步、经济转型与消除绝对贫困同步，如期全面完成脱贫攻坚目标任务，大大加快了全球减贫进程，谱写了人类反贫困历史新篇章。

二、我国坚决守住不发生规模性返贫的做法经验

打赢脱贫攻坚战后，国家印发《中共中央　国务院关于实现巩固拓

展脱贫攻坚成果同乡村振兴有效衔接的意见》，对巩固拓展脱贫攻坚成果，防止返贫，实现持续稳定脱贫作出部署和安排。脱贫地区要根据形势变化，厘清工作思路，做好过渡期内领导体制、工作体系、发展规划、政策举措、考核机制等的有效衔接，从以解决建档立卡贫困人口“两不愁三保障”为重点转向实现乡村产业兴旺、生态宜居、乡风文明、治理有效、生活富裕，从集中资源支持脱贫攻坚转向巩固拓展脱贫攻坚成果和全面推进乡村振兴。到2025年，脱贫攻坚成果巩固拓展，乡村振兴全面推进，脱贫地区经济活力和发展后劲明显增强，乡村产业质量效益和竞争力进一步提高，农村基础设施和基本公共服务水平进一步提升，生态环境持续改善，美丽宜居乡村建设扎实推进，乡风文明建设取得显著进展，农村基层组织建设不断加强，农村低收入人口分类帮扶长效机制逐步完善，脱贫地区农民收入增速高于全国农民平均水平。到2035年，脱贫地区经济实力显著增强，乡村振兴取得重大进展，农村低收入人口生活水平显著提高，城乡差距进一步缩小，在促进全体人民共同富裕上取得更为明显的实质性进展①。各地区各部门认真落实党中央、国务院决策部署，统筹疫情防控和经济社会发展，健全落实防止返贫动态监测和帮扶机制，强化易地扶贫搬迁后续扶持，加强脱贫劳动力就业帮扶，脱贫县农村居民收入实现较快增长，消费水平继续提高，脱贫攻坚重要机制、重大政策、重点工作平稳过渡。在牢牢守住不发生规模性返贫的基础上，脱贫县农村居民生活水平稳步提升，乡村产业蓬勃发展，农村道路、供水、电网等基础设施提档升级，农村教育、医疗等基本公共服务水平提标扩面，农村人居环境整治工作全面推开，乡村治理能力逐步增强。三年来的实践及成效充分证明，中国欠发达地区持续稳定脱贫机制科学有效，积累了宝贵经验。

---

① 《中共中央　国务院关于实现巩固拓展脱贫攻坚成果同乡村振兴有效衔接的意见》，《人民日报》2021年3月23日第1版。

(一)丰富完善持续稳定脱贫的顶层设计

1.习近平总书记关于实施乡村振兴战略的重要论述，为建立稳定脱贫机制提供了根本遵循

习近平总书记高度重视脱贫的可持续性。在全国脱贫攻坚总结表彰大会上，他专门强调，要切实做好巩固拓展脱贫攻坚成果同乡村振兴有效衔接各项工作，让脱贫基础更加稳固、成效更可持续。此外，他在不同场合多次就巩固拓展脱贫攻坚成果，防止规模性返贫发表重要讲话、作出重要指示批示。他明确了防返贫监测和帮扶工作的方向和思路，提出对易返贫致贫人口要加强监测，做到早发现、早干预、早帮扶。针对防返贫监测和帮扶的具体工作，他提出要健全防止返贫动态监测和帮扶机制，对易返贫致贫人口实施常态化监测。在问题聚焦上，他提出要重点监测收入水平变化和“两不愁三保障”巩固情况，继续精准施策。习近平总书记的重要指示避免了防返贫监测和帮扶走错路、走弯路，为防返贫监测和帮扶工作提供了根本遵循。

2.国家有关决策部署明确了具体工作方向

2020年12月,《中共中央　国务院关于实现巩固拓展脱贫攻坚成果同乡村振兴有效衔接的意见》印发，着重从建立健全持续稳定脱贫长效机制方面，对巩固拓展脱贫攻坚成果进行部署，重点指出不仅要防止出现规模性返贫，还要通过巩固拓展脱贫成果不断强化欠发达地区稳定脱贫能力。2021年5月,《中央农村工作领导小组关于健全防止返贫动态监测和帮扶机制的指导意见》印发，提出健全防止返贫动态监测和帮扶机制是从制度上预防和解决返贫问题、巩固拓展脱贫攻坚成果的有效举措，并提出有关具体措施，明确了防止返贫监测的对象、内容、方式、范围以及持续稳定脱贫的支持措施和有关的组织保障。

3.持续发挥中国特色脱贫攻坚制度体系的作用

在脱贫攻坚进程中形成的中国特色脱贫攻坚制度体系，经过脱贫攻坚

的实践证明，是科学、行之有效的。其中，中央统筹、省负总责、市县抓落实的管理机制，五级书记抓扶贫的主体责任机制，针对多维致贫因素、形成政策组合拳精准施策的减贫机制，确保扶贫投入力度与打赢脱贫攻坚战要求相适应的资源投入机制，发挥社会主义制度集中力量办大事优势的社会动员机制，确保真扶贫、扶真贫、真脱贫的考核机制与督察机制等制度成果，为在脱贫攻坚时期解决绝对贫困问题和过渡期实现持续稳定脱贫提供了有力制度保障。

（二）提高行业帮扶的精准度

1.信息化建设夯实贫困治理数字化水平

不断精准的信息化建设为可持续脱贫夯实了技术基础。脱贫攻坚期间建立起来的建档立卡信息系统持续为可持续脱贫贡献力量，在过渡期的监测和帮扶工作中也是极其重要的一项基础性工作，为防返贫监测和精准帮扶进而实现持续稳定脱贫夯实了基础。由国家乡村振兴局信息中心负责，将脱贫攻坚期的全国建档立卡信息系统升级改造为全国防返贫监测信息系统，以更好地满足新时代防返贫监测和帮扶工作的需要。

过渡期，信息化建设为持续稳定脱贫夯实了精准基础。通过持续开展防返贫监测对象信息采集工作，不断提升数据质量。建立数据共享比对机制，推动行业部门数据交换比对。持续推进“回头看”，及时发现整改问题。

2.行业部门不断完善持续稳定脱贫的工作机制

各行业部门认真贯彻落实国家决策部署，把持续稳定脱贫、防止出现规模性返贫作为头等大事来抓，根据返贫致贫发生状况，不断加强防返贫监测和帮扶体制机制及工作机制建设，不断提升脱贫的稳定性。

第一，建立完善的工作机制，明确部门任务分工。建立防止返贫的动态监测和帮扶部门会商工作机制，不断加强制度设计，优化政策供给，明确部门分工，形成工作合力。由乡村振兴局牵头负责农村易返贫致贫人口监测预警工作，农业农村、教育、卫生健康、医保、住房城乡建设、水利、应急管理、人力资源社会保障、民政、交通、残联等相关行业部门及时筛查预警，并有针对性地推送脱贫人口和监测对象等的相关信息数据。

第二，建立完善监测对象主动发现快速响应机制。各行业部门按照"发现一户、监测一户、帮扶一户、动态清零一户"的要求，不断完善监测对象主动发现快速响应机制，建立了农户自主申报、基层干部排查、部门筛查预警的响应机制。

第三，构建完善考核评估机制。目前，各行业部门均将防止返贫动态监测和帮扶工作成效作为巩固拓展脱贫攻坚成果的重要内容，纳入实绩考核范围，强化考核结果运用。

第四，构建监测对象动态管理机制，推动监测工作做实做细。目前，纳入方面，在常态化申报预警和排查过程中，对符合条件的及时启动纳入程序。风险消除方面，对收入持续稳定、"两不愁三保障"及饮水安全持续巩固、返贫致贫风险已经稳定消除的，及时启动"入户核实（群众认可）、村级民主评议、村级公示、县乡备案、系统标注"风险消除程序，不再按监测对象进行监测帮扶。对风险消除稳定性较弱，特别是收入不稳定、刚性支出不可控的，在促进稳定增收等方面继续给予帮扶，风险稳定消除后再履行相应程序。

3.聚焦"两不愁三保障"，织牢织密兜底保障，帮助脱贫人口防止再次陷入绝对贫困

一是盯紧控辍保学，巩固拓展教育帮扶成果。巩固拓展义务教育控辍保学成果，精准资助农村家庭经济困难学生，提高普惠性学前教育质量，巩固拓展义务教育办学条件成果。例如，宁夏固原市坚持"依法治教、预防为主、防治结合、综合治理"的方针，立足治根本、管长远，建立控辍保学"六项长效机制"。四川凉山彝族自治州喜德县2021年开展小升初整班移交工作，户籍所在地政府和教育部门共同配合，按照制定方案、组织移交、注册报到、情况反馈、劝返复学的工作流程，确保小学毕业生

100%升入初中学校就读。江西省新余市渝水区持续推进“小荷工程”，即：为农村义务教育学校寄宿生免费提供一盒奶、一道荤菜，免费提供热水淋浴和洗衣服务；为农村教学点中午带餐学生免费提供中餐。让农村义务教育学校的孩子吃上营养餐、洗上热水澡、穿上干净衣。当前，“小荷工程”已经覆盖渝水区22所农村义务教育学校和教学点，惠及学生5511人。凉山彝族自治州在延续脱贫攻坚时期教育扶贫政策措施的基础上，2021年自治州级财政继续安排职教攻坚经费2000万元，用于职业教育基础能力建设和职业培训；教育部积极协调北京师范大学、四川师范大学等全国16所高校组团式对口支援西昌民族幼儿师范高等专科学校建设。

二是构建完善医疗体系，防范因病致贫返贫。建立防范化解因病返贫致贫长效机制，完善医疗保障政策，整体提升农村医疗保障和健康管理水平。例如，西藏自治区拉萨市医保局通过防因病致贫返贫动态监测系统，构建医保防返贫致贫的制度防线。陕西宁陕县设立县域外大病就医应急保障金，创新探索健康保障防贫新举措，针对部分群众县内看不好、县外看不起的病例，通过政府贴息撬动政策性金融机构建立500万元县域外大病就医应急保障资金池，通过“先诊疗、后付费”，率先解决了群众转外就医无钱预交住院押金问题。

三是巩固监测帮扶对象住房安全。继续实施重点对象农村危房改造项目，健全完善易返贫致贫户等重点对象住房安全动态监测机制。例如，甘肃省结合农户意愿，对农户唯一居住用房且不满足抗震性能要求的，进行农房抗震改造，严格落实“上下圈梁、构造柱、二四墙、三七墙”等基本建设标准，有效提升住房质量安全与抗震防灾水平。

四是巩固监测帮扶对象饮水安全。落实农村饮水安全的普惠性政策，巩固拓展已建农村供水工程成果，不断提升农村供水保障水平。全面推进落实农村供水保障地方主体责任，加强集中式饮用水水源地保护，建立健全水费收缴和财政补助机制。如水利部“十四五”重点工程就是不断提升农村饮水标准，要由农村饮水安全转变成农村供水保障。

五是完善兜底保障，织密兜牢丧失劳动能力人口基本生活保障底线。针对特殊困难群体、无劳动力或弱劳动力人口，各地在保持社会救助兜底保障政策总体稳定的基础上，加强低收入人口动态监测，完善分层分类的社会救助体系，适度拓展社会救助范围，创新服务方式，提升服务水平，切实做到应保尽保、应救尽救、应兜尽兜，减少返贫风险和新致贫风险，不断增强困难群众获得感、幸福感、安全感。例如，安徽省芜湖市鸠江区将脱贫人口中完全丧失劳动能力或部分丧失劳动能力且无法通过产业就业获得稳定收入的人口，依规全部纳入农村低保或特困人员救助供养范围；保持过渡期内社会救助兜底政策总体稳定，落实低保渐退、刚性支出扣减、就业成本扣减等防范返贫工作机制，对家庭人均收入超过当地低保标准的，给予6—12个月的渐退期，对就业产生的必要成本，在核算家庭收入时适当给予扣减。

（三）激发持续稳定脱贫的内生动力

1.持续拓展就业渠道，提高劳动技能，稳岗就业促进持续稳定脱贫

各行业部门持续把务工就业作为持续稳定脱贫的重点领域，持续出台各类支持政策。就业是民生之本，各行业主管部门继续在稳岗位、扩就业方面下功夫，不断激发农村发展活力，以就业促增收防返贫，不断巩固脱贫成果，提高群众的满意度和幸福感。一是实施了家政兴农行动。推动家政扶贫供需对接平台对接全国防返贫监测信息系统，帮助存在返贫风险、曾从事家政服务的人员就业。二是优化提升就业服务。依托全国防返贫监测信息系统对脱贫人口、易地扶贫搬迁群众等重点人群就业状态分类实施动态监测。三是继续加强就业帮扶车间等就业载体建设。四是继续用好乡村公益性岗位。五是强化劳务协作。例如，2021年10月8日，商务部、国家发展改革委、人力资源社会保障部、国家乡村振兴局、教育部等14部门联合印发了《家政兴农行动计划（2021—2025年）》，旨在进一步巩固家政扶贫成果，促进家政服务业提质扩容，助力乡村振兴，为构建新发展格

局提供有力支撑。

各地通过改革创新，不断拓展就业渠道，提高脱贫人口劳动技能，稳岗就业防返贫。各地把稳岗就业工作作为防止返贫的主要措施，通过就业支持实现防返贫，主要是坚持现有的帮扶措施，包括帮助外出和创造岗位等。与此同时，利用和加强已经建立起的就业支持渠道、工作机制以及管理信息系统，提高就业效率，降低失业风险。特别是着力加强和完善对农村劳动力转移就业的支持和服务，采取积极措施提高脱贫人口劳动技能，促进高质量就业。落实帮扶对象的求职补贴和用人单位的优惠政策。例如，贵州省毕节市金沙县通过组织劳务输出、推荐就近就业、“十大员”专岗托底安置等措施，帮助有就业意愿的未就业人员实现就业、已就业人员稳定就业，保持脱贫人口就业规模总体稳定。山西省通过设置公益性岗位等八条措施加强就业帮扶，防止因灾返贫致贫。

2.通过产业发展增强内生动力

各行业主管部门在防返贫监测帮扶工作中的主要发力方向：一是持续推进乡村特色产业发展。二是持续健全风险防范机制。各地在产业帮扶方面的做法主要是：持续推进脱贫地区产业发展，鼓励脱贫户发展自种自养项目；强化构建“带得准”“带得稳”的紧密型利益联结机制；注重产业生产经营技能培训，提升产业发展科学性；完善风险防范处置措施，规避产业风险。例如：安徽省芜湖市南陵县让脱贫户真正参与产业发展，提高自我造血能力，还严格项目监管，特别是杜绝简单入股分红、群众不直接参与产业发展的项目。严格项目实施中和实施后监测监管，对入股分红项目特别是入股分红到村项目，要加强入股主体跟踪服务，定期监测入股主体生产经营情况，并建立台账，鼓励采取以财政资金形成资产入股、“三变”改革盘活现有资产入股等方式，防范项目风险，提高项目效益，增加分红收入。广西壮族自治区玉林市兴业县开展产业扶贫大培训，2020—2021年累计举办各类培训班112期，覆盖全县脱贫村92个，参训人数达11500人次以上，覆盖脱贫户6926人次，印发资料36800份，通过产业帮扶培训，增强脱贫户应对市场风险的能力。

部分地区探索出“防贫保”的商业保险补充模式，针对疫情、灾情影响和当地农业特色产业发展面临的主要风险隐患，创设特色农业保险品种，扩大保险保障范围，创新推出价格保险、收益保险等业务，为发展特色产业的村和脱贫户以及带动主体提供保险保障。

3.强化金融和保险支持，提供增强内生动力的外部保障

一是持续加大信贷支持力度。首先，过渡期内保持主要金融帮扶政策总体稳定。加大对易返贫致贫人口的信贷投放力度，支持其就业创业，增强可持续发展的内生动力。其次，继续做好小额信贷工作。最后，创新信贷服务方式。

二是通过金融支持推动欠发达地区产业发展。第一，促进脱贫人口融入产业发展。支持在脱贫地区培育发展县域支柱产业和优势特色产业，为脱贫人口自主发展产业提供良好环境。第二，创新开展产业带动贷款。金融机构根据经营主体带动脱贫人口、易返贫致贫人口数量，按照商业可持续原则，自主确定贷款的额度、利率、期限等，充分发挥经营主体的带动作用，促进小农户和现代农业发展有机衔接。第三，支持脱贫地区县域产业发展。加大对脱贫地区产业发展的金融支持，对带动脱贫人口较多的产业努力增加信贷投放，鼓励在脱贫地区探索发展防止返贫险。

三是强化各类保险支持。除医疗和养老保险应保尽保之外，重点是积极发展面向监测帮扶对象在内的低收入人群的普惠保险。创新商业养老保险产品，满足不同收入群体的养老需求。鼓励发展针对县域居民的健康险业务，扩大健康险在县域地区的覆盖范围，拓展健康险保障内容。支持商业保险公司因地制宜发展农村意外险、定期寿险等业务。例如，甘肃省陇南市针对三类弱势重点人群易存在返贫致贫风险，当地自然灾害多发、频发，农业产业受损严重的实际，创新探索出政府防贫险、农业险、“保险+期货”、险资入陇、“三户一孤”险等“五险”并举防返贫机制，做到应保尽保、应赔快赔，进一步增强弱势重点人群应对自然风险的能力，从源头

上筑起防返贫致贫的防线。

4.不断加强易地扶贫搬迁后续扶持

各行业部门出台各类政策。一是促进易地扶贫搬迁脱贫人口稳定就业。继续开展外出就业精准对接，强化组织协调和对接能力，完善建档立卡搬迁群众就业情况动态监测和预警机制。拓宽就地就近就业渠道。发挥以工代赈促进就业作用。加强劳动者职业技能培训。如国家发展改革委多次督促地方发挥以工代赈和易地搬迁后续扶持政策功能作用。二是推动后续产业可持续发展。做大做强优势产业，加强东西部产业协作，丰富拓展产品销售渠道。三是加快补齐安置区基础设施建设短板。结合新型城镇化建设及乡村振兴要求，完善传统基础设施建设，提升供给水平。

各地把搬迁集中安置区作为防止规模性返贫的重点区域，对安置区易返贫人口实行常态化监测，根据监测对象风险类别、发展需求落实有针对性的帮扶措施。围绕“两不愁三保障”问题，满足搬迁户居住和生活基本需求；补齐基础设施和公共服务短板，实现配套保障；通过建设就业帮扶车间和工厂园区等，帮助易地搬迁群众实现稳定就业。例如：陕西省宝鸡市凤翔区开展“一对一”教师结对帮扶活动，深入易地扶贫搬迁家庭了解学生家庭基本情况、学习生活情况、行为习惯养成情况等，帮助学生解决学习生活中遇到的困难，疏导心理压力，引导学生健康成长、励志成才。全面落实各项教育资助政策，保障易地搬迁户学生不失学辍学，解除易地扶贫搬迁群众后顾之忧。陕西省宁陕县推动设施维护防贫，设立40个搬迁社区房屋大修基金，落实业主委员会负责公共区域维护，设立农村供水工程维修管护基金、通村道路养护基金和村卫生室管理及村医补助基金，有效保证安全饮水、村组道路等基础设施正常运行。

5.强化乡村治理，广泛开展农村精神文明建设主题活动，通过教育引导促进内生发展动力增强

各地引导监测对象通过生产和就业增收致富，注重典型引领和示范带动，对自强不息、稳定脱贫的监测对象，探索给予物质奖励和精神激励，

进一步激发其内生动力；积极推进乡风文明建设，持续发挥村规民约作用，倡导赡养老人、扶养残疾人、关爱留守妇女儿童等良好社会风尚。例如：青海省海东市民和回族土族自治县通过创办农民夜校、讲习所等，加强思想、文化、道德、法律、感恩教育，弘扬自尊、自爱、自强精神，防止政策养懒汉。吉林省白城市通榆县依托村级爱心超市，健全完善评分制度，发挥正向激励作用，不断增强脱贫户内生动力和自我发展能力。云南省德宏傣族景颇族自治州梁河县持续深入开展“道德模范”“好婆婆”“好媳妇”“德宏好人”等评选表彰活动，加大先进典型和感人事迹宣传力度，讲好励志故事，宣扬自力更生、艰苦奋斗精神，用模范树典型形成向上向善乡村文明新风尚，促进内生动力增强。

三、我国防止返贫、建立欠发达地区持续稳定脱贫机制取得显著成效

2021年以来的实践显示，我国防止返贫、建立欠发达地区持续稳定脱贫机制取得显著成效。

（一）牢牢守住了不发生规模性返贫的底线任务，总体实现了易返贫致贫人口的动态清零

通过坚持预防性措施和事后帮扶相结合，精准分析返贫致贫原因，采取有针对性的帮扶措施，基本实现了易返贫致贫人口的动态清零。“两不愁三保障”和饮水安全成果得到巩固。多措并举保障帮扶成效，没有出现规模性返贫的情况。

（二）有效克服了诸多不利因素影响，可持续脱贫能力经受住了多重考验

通过持续不断的努力，对脱贫人口、易返贫致贫人群持续开展思想宣传工作，增强其自我发展意识，转变“等靠要”思想，树立自立、自强和

竞争等意识，降低其贫困脆弱性，易返贫致贫人口抵御风险的能力得以增强，自主脱贫的能力得到提升。特别是近几年，有效克服新冠疫情对脱贫成果的影响，不仅能够迅速地识别出受新冠疫情影响易返贫致贫的人群，还通过精准帮扶，缓解了疫情的影响，防止了部分群体因疫情返贫，经受住了国内外经济形势和新冠疫情的双重考验。

（三）构建了规范化和常态化的持续脱贫体制机制

一是建立了预警监测机制以提前预判返贫风险。防止返贫预警监测机制的建立实现了“未返先防”，提前预判返贫影响因素和易返贫致贫人群。二是建立了分类帮扶机制以精准阻断返贫路径。对风险单一的，实施单项措施，防止陷入福利陷阱；对风险复杂多样的，因户施策落实综合性帮扶；对有劳动能力的，坚持开发式帮扶方针，促进稳定增收；对无劳动能力或部分丧失劳动能力且无法通过产业就业获得稳定收入的，纳入农村低保或特困人员救助供养范围，做好兜底保障；对内生动力不足的，持续扶志扶智，激发内生动力，增强发展能力。三是建立了防止返贫的市场化机制以丰富返贫应对手段，激发内生动力。当前防止返贫治理在政府主导的基础上，充分发挥了市场机制的作用。以市场化手段构建产业帮扶长效机制，加强农村互联网运营性项目建设，充分发挥市场化保险在返贫治理中的作用。四是基本实现了对重点人群的精准监测。首先，搭建了全国大集中的数据平台，对易返贫致贫人口、脱贫不稳定人口、边缘易致贫人口、突发严重困难人口进行精准标注。其次，建立科学合理的监测帮扶工作流程。围绕精准预警、精准识别、精准帮扶、精准标注四个关键环节，各地基本形成了监测帮扶的规范化流程，大致包括监测信息收集、入户核查核实、部门信息比对、村乡评议初审、县级审定公告、帮扶政策落实、风险消除标注等。最后，完成了防返贫监测对象的信息采集。在全国防返贫监测信息平台的基础上，各地区基本完成了防止返贫监测对象的信息采集工作。

四、我国守住不发生规模性返贫底线、建立欠发达地区持续稳定脱贫机制的主要启示

尽管由于自然、历史、环境等诸多因素影响，欠发达地区巩固拓展脱贫攻坚成果、实现持续稳定脱贫、全面推进乡村振兴、实现可持续发展和加快发展，为实现共同富裕奠定基础还有很长的路要走，但是，三年来，我国欠发达地区持续稳定脱贫机制逐步完善，其取得的显著成效证明，持续稳定脱贫完全可以实现。这不仅为我国巩固拓展脱贫攻坚成果、全面推进乡村振兴提供了启示，还为全球减贫事业建立可持续稳定脱贫机制提供了借鉴。

（一）坚持科学理论指引

习近平总书记关于扶贫工作的重要论述包含着关于反贫困的一系列富有规律性的基本理念、基本理论和基本方法，赋予了中国反贫困的新内涵、新特征和新路径，开辟了中国解决贫困问题的新时代。在脱贫攻坚目标任务实现后，习近平总书记关于扶贫工作的重要论述为2020年后的防止返贫工作指明了道路，回答了防止返贫的价值取向、政治保证、制度支撑、实践路径、动力源泉、社会基础和作风保障等一系列重大问题，成为建立防止返贫监测和帮扶机制的科学思想指引。在习近平总书记关于扶贫工作的重要论述指引下，中国逐步建立起一整套行之有效的防止返贫的政策体系、工作体系、制度体系和机制模式，不断丰富完善中国欠发达地区的防止返贫监测和帮扶机制，为解决复杂多元的返贫问题提供了一整套科学的理论方法和路径遵循，确保了返贫治理实践的前进方向。

（二）坚持中国共产党的集中统一领导

坚持中国共产党的领导，是中国特色社会主义最本质的特征，是中国特色社会主义制度的最大优势，是中国能够打赢脱贫攻坚战的最根本制度保证，也是持续稳定脱贫机制成功建立和有效发挥作用的决定性因素。正是因

为坚持党对防止返贫工作的集中统一领导，才能有效统一思想认识，形成一致行动，推动全党全社会关心易返贫群体，为解决绝对贫困问题后构建防止返贫监测和帮扶机制、巩固拓展脱贫攻坚成果提供坚强的政治保证。

（三）坚持精准方略

“精准”是习近平总书记关于扶贫工作的重要论述的重大创新和核心要义。精准扶贫是被历史和实践检验正确的解决贫困问题的科学方略，也为持续稳定脱贫提供了基本工作理念。把精准思维和方法贯穿于贫困治理的全过程，是防止返贫、持续稳定脱贫的重要方法。持续稳定脱贫机制只有体现“精准”原则，才能确保重点脱贫人群的防止返贫治理能够做到对象精准、措施精准、项目精准、资金使用精准、派人精准、成效精准。

（四）坚持多部门协作机制

各部门通力协作是做好持续稳定脱贫工作的重要前提。具体落实中，各地党委农村工作领导小组牵头抓总，各级乡村振兴部门履行工作专责，相关部门根据职责做好信息预警、数据信息共享共用和行业帮扶，共同开展部门筛查预警和监测帮扶，共同推动持续稳定脱贫政策举措落地落实。

（五）坚持实践创新

为了确保能够持续稳定脱贫，中央和地方两个层面都做了大量的实践探索和制度创新。中央的每一次探索和创新，都是反贫困理论和实践的巨大进步。地方的探索和创新，以因地制宜方式，有力有效推动了持续稳定脱贫机制发展。如防贫保险、预警监测机制和大数据平台等创新手段，都是来源于基层的创新实践。

（六）坚持政府主导与社会参与结合

守住不发生规模性返贫底线、实现欠发达地区持续稳定脱贫是一项艰巨而复杂的系统工程，不仅是政府的事，也是全社会的事，需要动员社会力量广泛参与。持续稳定脱贫，需要充分发挥政府、市场和社会的作用，强化政府责任，引导市场、社会协同发力，鼓励先富帮后富、守望相助。需要继续发挥东西部协作、对口支援、中央单位定点帮扶等制度优势，动员社会力量积极参与，创新工作举措，对监测对象持续开展帮扶，形成防止返贫治理的强大合力，确保持续稳定脱贫机制的长效性、有效性。

知识链接

以工代赈近年来频频出现于国家宏观政策中，是指通过组织困难群众、失业人员参与工程建设获取劳务报酬，以取代直接赈济的一项帮扶政策。以工代赈自1984年启动实施以来，国家已累计安排以工代赈资金（含实物折资）超过1600亿元。截至2023年7月，国家发展改革委已联合财政部下达2023年度以工代赈中央投资共109亿元，带动地方各类资金27亿元，支持地方实施以工代赈项目2710个。各类以工代赈项目帮助困难群众、失业人员依靠劳动获取报酬，同时也树起劳动光荣、奋斗出彩的旗帜，引领带动广大群众用自己的辛勤劳动改善生活、改变命运。

7 如何拓宽脱贫人口持续增收渠道?

收入是衡量居民生活水平最核心、最基础的指标。习近平总书记指出："农业农村工作，说一千、道一万，增加农民收入是关键。要加快构建促进农民持续较快增收的长效政策机制，让广大农民都尽快富裕起来。"巩固拓展脱贫攻坚成果、让脱贫群众生活更上一层楼，最根本的是要促进脱贫群众持续增收。党的十八大以来，城乡融合发展进程不断加快，乡村振兴战略稳步推进，农村居民收入持续加快增长。但与农民群众对美好生活的期待相比，农民增收致富还是一项极为艰巨的任务。其艰巨性突出表现在城乡收入差距仍然较大，区域之间、农民内部之间、脱贫人口与农民平均水平之间的收入差距仍然很明显。习近平总书记反复强调："促进共同富裕，最艰巨最繁重的任务仍然在农村。"党的二十大报告要求："发展乡村特色产业，拓宽农民增收致富渠道。"促进脱贫人口持续增收，是促进农民收入持续较快增长的难点，是逐步缩小农民内部收入差距进而缩小城乡收入差距，扎实推动共同富裕，实现中国式现代化的关键和底线。可见，如何拓宽脱贫人口持续增收渠道，成了准确把握国家有关政策并推动其落地见效的前提和关键。

拓宽脱贫人口持续增收渠道，促进脱贫人口收入实现较快增长，事关巩固拓展脱贫攻坚成果、守住不发生规模性返贫底线，事关缩小收入差距、缩小发展差距、促进共同富裕，事关中国式现代化的发展，必须准确理解和把握促进脱贫人口持续增收的理论指引和政策要求，客观分析促进脱贫人口持续增收面临的新问题新挑战，采取更有力的行动确保脱贫人口持续增收。

一、理解和把握拓展脱贫人口持续增收渠道的理论指引

实践证明，拓展农民增收致富渠道是缩小城乡和区域收入差距、实现共同富裕的最直接最有效的途径，也是畅通国内大循环、构建新发展格局的重要推动。我国脱贫人口主要分布在农村脱贫地区，而基础设施和公共服务短板主要在农村。拓宽农民增收致富渠道，特别是帮扶脱贫人口增加收入，既能巩固拓展脱贫攻坚成果，又能扩大有效投资、增加农村消费，为全面推进乡村振兴、扩大内需、畅通内循环提供强劲动力。

习近平总书记高度重视农民收入持续增长问题，就支持和鼓励农民就业创业、拓宽增收渠道发表一系列重要讲话，作出一系列重要批示指示，为发展乡村特色产业、拓宽农民增收致富渠道，特别是持续促进脱贫人口增收指明了方向，提供了根本遵循。

拓宽农民增收致富渠道需要多向发力。习近平总书记指出:“促进农民收入持续较快增长，要综合发力，广辟途径，建立促进农民增收的长效机制。一是要提高农业生产效益，促进家庭经营收入稳定增长，使经营农业有钱赚。二是要引导农村劳动力转移就业，促进农民打工有钱挣。三是要加大对农业的补贴力度，国家力所能及地给农民一些钱。四是要稳步推

进农村改革，创造条件赋予农民更多财产权利。”[①]“检验农村工作实效的一个重要尺度，就是看农民的钱袋子鼓起来没有。要构建促进农民持续较快增收的长效政策机制，通过发展农村经济、组织农民外出务工经商、增加农民财产性收入等多种途径增加农民收入，不断缩小城乡居民收入差距，让广大农民尽快富裕起来。”[②]“要通过发展现代农业、提升农村经济、增强农民工务工技能、强化农业支持政策、拓展基本公共服务、提高农民进入市场的组织化程度，多途径增加农民收入。”[③]这些重要论述指明，拓宽农民增收致富渠道，就是要全方位着力增加农民的家庭经营收入、工资性收入、财产性收入和转型性收入。

（一）要加快发展现代农业，带动农民家庭经营收入不断增长

习近平总书记指出：“现代高效农业是农民致富的好路子。要沿着这个路子走下去，让农业经营有效益，让农业成为有奔头的产业。要更加重视促进农民增收，让广大农民都过上幸福美满的好日子，一个都不能少，一户都不能落。”[④]“农民专业合作社是带动农户增加收入、发展现代农业的有效组织形式，要总结推广先进经验，把合作社进一步办好。”[⑤]“要推动乡村产业振兴，紧紧围绕发展现代农业，围绕农村一二三产业融合发展，构建乡村产业体系，实现产业兴旺，把产业发展落到促进农民增收上来，全力以赴消除农村贫困，推动乡村生活富裕。”[⑥]“乡村振兴，关键是产业要振兴。要鼓励和扶持农民群众立足本地资源发展特色农业、乡村旅游、庭院经济，多渠道增加农民收入。”[⑦]“很多地方农业产业升级过程

---

① 中共中央党史和文献研究院编《习近平关于“三农”工作论述摘编》，中央文献出版社，2019，第141页。
② 同上书，第146页。
③ 同上书，第148页。
④ 同上书，第144页。
⑤ 同上书，第147页。
⑥ 同上书，第149页。
⑦ 同上书，第150页。

中，往往规模越来越大、用工越来越少、农户参与程度越来越低，这是市场自发作用的结果。但是，我们要把握好度，不能忘了农民这一头，要完善利益联结机制，通过‘资源变资产、资金变股金、农民变股东’，尽可能让农民参与进来。”[①]“要形成企业和农户产业链上优势互补、分工合作的格局，农户能干的尽量让农户干，企业干自己擅长的事，让农民更多分享产业增值收益。”[②]这些重要论述表明，发展现代农业、乡村产业，必须贯彻以人民为中心的发展思想，一定要突出农民的主体地位，始终把保障农民利益放在第一位，着力完善联农带农机制，不能剥夺或者削弱农民的发展能力。更不能把农民土地拿走了，企业赚了钱，却跟农民没关系或关系不大。

（二）要持续提升农村劳动力技能，促进农民工资性收入稳定增长

习近平总书记指出：“从事制造业的农民工达到八千六百多万人，只有让他们长期专注于某一领域的专业技能，才能不断提升技能，也才能成为中等收入者，为此要大力推进农民工市民化。”[③]“实施新生代农民工职业技能提升计划。加强对灵活就业、新就业形态的扶持，鼓励多渠道就业创业。集中治理工程建设领域和劳动密集型行业农民工工资拖欠问题。”[④]这些重要论述要求：要完善城乡劳动者平等就业制度，逐步让农业转移人口在城镇进得来、住得下、融得进、能就业、可创业，维护好农民工合法权益。要畅通农民工外出就业渠道，加强农村劳动力转移就业工作，完善就业服务体系，努力实现体面劳动全面发展。要提高职业培训质量，增强就业人员技能，提高农民工和其他各类就业人员转岗就业能力，增强农民工融入城镇的素质和能力。

---

① 习近平：《论“三农”工作》，中央文献出版社，2022，第12页。

② 同上。

③ 中共中央党史和文献研究院编《习近平关于“三农”工作论述摘编》，中央文献出版社，2019，第147页。

④ 同上。

（三）要赋予农民更加充分的财产权益，多渠道增加农民财产性收入

习近平总书记指出："着力推进农村集体资产确权到户和股份合作制改革，发展多种形式股份合作，赋予农民对集体资产更多权能，赋予农民更多财产权利。"[①]"要深化农村产权制度改革，开展清产核资，明晰农村集体产权归属，赋予农民更加充分的财产权利。这是党中央推出的一项重要改革，对推动农村改革发展、完善农村治理、保障农民权益，对探索形成农村集体经济新的实现形式和运行机制，都具有十分重要的意义，一定要抓好。"[②]"壮大农村集体经济，是引领农民实现共同富裕的重要途径。要在搞好统一经营服务上、在盘活用好集体资源资产上、在发展多种形式的股份合作上多想办法。"[③]"要稳步推进农村集体产权制度改革，全面开展清产核资，进行身份确认、股份量化，推动资源变资产、资金变股金、农民变股东，建立符合市场经济要求的集体经济运行新机制，确保集体资产保值增值，确保农民受益，增强集体经济发展活力，增强农村基层党组织的凝聚力和战斗力。"[④]这些重要论述表明，深化农村改革是增加农民财产性收入的重要途径。农村集体产权制度改革重点是适应社会主义市场经济要求，构建产权关系明晰、治理架构科学、经营方式稳健、收益分配合理的运行机制，充分利用农村集体自身资源条件、经营能力，探索资源发包、物业出租、居间服务、资产参股等多样化途径发展新型农村集体经济。

（四）要加大强农惠农富农政策力度，促进农民转移性收入合理增长

习近平总书记指出："农业面对着自然灾害和市场波动的双重风险，

① 中共中央党史和文献研究院编《习近平关于"三农"工作论述摘编》，中央文献出版社，2019，第145页。

② 同上书，第148页。

③ 同上书，第149页。

④ 同上。

必须有国家支持保护。要根据新形势新情况，研究如何使农业支持保护措施更有针对性、更加有实效。”[①]“新型农民搞规模种养业，风险也加大了，农业保险一定要搞好，财政要支持农民参加保险。”[②]“要加大惠农富农政策力度，给农民的补贴能增加的还要增加，社会保障水平能提高的还要提高，农村各类资源要素能激活的尽量激活，让农民腰包越来越鼓、日子越过越红火。”[③]国内外乡村发展实践表明，农业补贴是农业支持保护制度中的政策安排，是农民转移性收入的一个重要来源。要提高农业支持保护措施的针对性、时效性，使强农惠农政策照顾到大多数普通农户，调动农民生产经营积极性。特别是要对脱贫人口给予帮扶产业支持，帮助他们在产业发展中增加收入。对于各类特殊群体要有兜底性保障制度，健全关爱服务体系，提高农民转移性收入。

二、客观分析拓宽脱贫人口增收渠道面临的新困难新挑战

过渡期以来，脱贫人口收入总体保持稳定增长。脱贫攻坚取得全面胜利后，各地区各部门深入学习贯彻习近平总书记关于把增加脱贫群众收入作为巩固拓展脱贫攻坚成果根本措施、促进脱贫人口生活更上一层楼的重要指示精神，认真落实党中央、国务院决策部署，扎实推进各项工作，取得了显著成效。脱贫人口和脱贫地区农村居民收入持续增长，2021年全国脱贫人口人均纯收入12550元，同比增长16.9%；脱贫地区农村居民人均可支配收入14051元，同比增长11.6%：均高于全国农村居民人均可支配收入10.5%的增速。2022年，脱贫人口人均纯收入达到14342元，同比增长14.3%[④]，高于全国农村居民人均可支配收入6.3%的增速。

---

① 中共中央党史和文献研究院编《习近平关于“三农”工作论述摘编》，中央文献出版社，2019，第143页。

② 同上。

③ 习近平：《加快建设农业强国　推进农业农村现代化》，《求是》2023年6期。

④ 顾仲阳：《2022年脱贫人口人均纯收入同比增14.3%》，《人民日报》2023年1月25日第1版。

（一）促进脱贫人口持续增收的做法经验

各地在促进脱贫人口持续增加收入、巩固拓展脱贫攻坚成果方面做了大量富有成效的工作，主要经验可归纳为三个方面：

1.层层落实责任

2021年以来，国家乡村振兴局深入贯彻习近平总书记系列重要指示精神，全面落实党中央、国务院决策部署，按照中央农村工作领导小组统一安排，督促指导各地多措并举促进脱贫群众持续增收，不断缩小收入差距，让脱贫群众生活更上一层楼。各地主要做法：一是强化组织领导。各省（区、市）党委和政府主要领导同志多次深入基层一线现场督导，都把促进脱贫人口增收问题作为重点内容。成立巩固拓展脱贫攻坚成果同乡村振兴有效衔接领导小组，统筹组织促进脱贫人口持续增收工作。明确市、县、乡履行主体责任，结合实际制定符合自身特点的具体方案，并指导村级制订到户增收工作计划，压实责任、落实举措。二是抓实监测调度。各省（区、市）有关部门围绕脱贫人口增收目标任务，加强数据共享和工作指导，坚持线上数字化、线下网格化动态监测帮扶，及时分析问题、查找短板、跟踪推进。有的省（区、市）编制收支统计测算指南，设立脱贫人口收入监测点，充实监测队伍，做到县有信息管理员、乡有信息录入员、村有信息采集员。三是严格考核评估。各省（区、市）明确将脱贫人口收入、脱贫地区农民收入及增幅作为巩固脱贫成果后评估的重要内容，纳入省（区、市）对市县党委和政府年度目标责任考核和市县实施乡村振兴战略实绩考核指标体系，强化考核结果运用。

2.完善促进脱贫人口持续增收帮扶政策

近年来，各地区各部门出台了一系列针对脱贫人口的政策措施，为促进脱贫人口持续增收提供了有力支撑。从调研情况和工作调度看，中西部省（区、市）对前期出台的系列帮扶政策进行了系统梳理，并根据新形势新任务新要求完善政策措施。一是强化财政投入。2022年，中央、省、市、县四级财政衔接推进乡村振兴补助资金总量达3700亿元。其中，中央财政衔接资金1650亿元，比2021年增加85亿元。各地严格落实中央要求，调整支出结构，中央财政衔接资金用于产业发展的比例逐步提高，2021年均达到50%、2022年均达到55%、2023年要求达到60%[①]。统筹整合东西部协作资金和中央单位定点帮扶投入，创新资金使用方式，逐步向培育县域富民产业转变。将促进脱贫人口增收情况纳入绩效评价内容。二是强化金融扶持。各地认真落实过渡期脱贫人口小额信贷和农户“富民贷”政策，截至2022年7月底，2021年以来全国累计发放小额信贷1247.87亿元，支持293.01万脱贫户和监测户（次）发展生产；“富民贷”累计放贷28.6亿元，支持2.5万户农户发展产业[②]。三是强化人才支撑。各省（区、市）结合产业发展和脱贫群众增收需求，优化驻村工作队员结构，提高专业技术人员比例，探索建立“乡村党政干部+驻村工作队+科技特派团（产业顾问组）+致富带头人（合作社）+脱贫户”的工作机制，凝聚帮扶工作合力。

3.拓宽脱贫人口增收渠道

一是各地深化落实脱贫人口稳岗就业帮扶政策，将防止返贫监测对象纳入政策支持范围，用好各级财政衔接资金支持脱贫人口和监测对象跨省就业、乡村公益性岗位、就业帮扶车间吸纳脱贫人口以及东部地区用于吸纳中西部脱贫人口就业等。深化省际劳务协作，充分发挥好帮扶车间、乡村公益性岗位和以工代赈等渠道作用，支持脱贫人口稳定就业。二是用好各级财政衔接资金，重点支持联农带农产业发展，各省（区、市）发展了一批乡村特色产业。三是各地强化扶贫项目资产管理，盘活利用闲置低效扶贫资产，促进财产性收入增加。四是促进转移性收入增加，各省（区、市）农村低保标准均提高到5000元以上，将符合条件的脱贫人口、监测对象及时纳入兜底保障。

---

① 国家乡村振兴局编《巩固拓展脱贫攻坚成果同乡村振兴有效衔接研究》，中国农业出版社，2023，第4页。

② 同上书，第5页。

（二）脱贫人口持续增收面临新困难新挑战

总体上，受乌克兰危机、新冠疫情、全球经济低迷等影响，我国宏观经济下行压力不断加大，脱贫人口务工就业、发展生产受到较大影响，脱贫人口收入保持持续较快增长面临新困难新挑战①。

一是外部环境不利影响日趋严重。首先，脱贫人口务工就业和生产经营因疫情原因受到较大影响。一些企业用工需求萎缩，有的帮扶产业项目停业，有的帮扶产品滞销，乡村旅游普遍受到较大冲击，影响脱贫人口持续增收。其次，生产流通成本大幅上涨挤压了经营性收入增长空间。国内复合肥、农药等农资市场价格上涨较大，主要农产品生产加工、土地流转成本也呈总体增长态势。再次，产业链供应链断链风险冲击脱贫劳动力工资性收入增长。农民工特别是技术水平较低的脱贫劳动力跨地区就业难度增大，工资性收入出现明显下滑。2022年上半年，全国农村居民工资性收入增速较去年同期下降了13.2个百分点。

二是财政收支紧张导致政府帮扶可持续性下降。脱贫县财政收支普遍紧张，帮扶产业发展和脱贫人口转移性收入对财政投入依赖程度较高，脱贫人口收入保持持续较快增长面临困难。受需求收缩、供给冲击、预期转弱三重压力影响，2022年上半年，中西部22个省（区、市）一般公共预算收入同比下降（自然口径）2.2%，增幅较2021年同期下降23个百分点。脱贫县对中央和省级财政转移支付的依赖度高，保障农民低保等转移性收入持续增长难度较大。

三是脱贫户增收内生动力与能力不足。体现在：(1) 动力不足。目前某些物质投入型的帮扶手段容易使脱贫户对政府帮扶产生依赖心理，主动增收的意识淡薄。(2) 信心不足。脱贫户自我强化的身份认知和外人眼中

---

① 国家乡村振兴局编《巩固拓展脱贫攻坚成果同乡村振兴有效衔接研究》，中国农业出版社，2023，第33-34页。

的身份标签，使部分脱贫户缺乏“我要致富”的动力。（3）能力不高。脱贫户的教育水平普遍较低，缺乏自我提升的信息、渠道和平台，脱贫后长效增收的人力资本积累和技能储备不足。

四是帮扶产业可持续发展能力不强。脱贫地区帮扶产业发展总体上仍处于起步阶段。种养业效益总体质量不高，不少重要农产品供给存在明显短板；农产品加工流通发展水平明显偏低，市场竞争力和带动农民增收能力还不强；乡村服务业发展滞后，服务质量和水平亟待提升；新产业、新业态总体上还处在起步阶段，产业链和价值链较短；农村一二三产业融合发展不够，抗风险能力弱。帮扶产业项目、就业帮扶车间等对免租金、用工补贴等财政政策的依赖度较高，后续运转及分红的可持续性堪忧。一些地方龙头企业与农户之间的利益联结机制不完善，带动农户增收能力较弱。

三、拓宽脱贫人口增收渠道、促进脱贫人口收入持续增长的主要路径

农业农村问题，说一千道一万，增加农民收入是关键。实践证明，只有不断拓宽脱贫人口增收致富渠道，不断创新脱贫人口增收方式，促进脱贫人口持续稳定增收，才能从根本上巩固好脱贫攻坚成果，守住不发生规模性返贫底线，从而帮助脱贫群众生活更上一层楼、逐步缩小与其他农民的收入差距。以习近平总书记相关重要论述为指引，按照党中央、国务院有关决策部署，拓宽脱贫人口增收渠道、促进脱贫人口收入持续增长的主要路径，具体体现为健全责任、工作、支撑、经营性收入增加、财产性收入增加、社会保障兜底等六个体系。

（一）健全拓宽脱贫人口增收渠道、促进脱贫人口收入持续增长的组织领导责任体系

促进脱贫人口持续增收是巩固拓展脱贫攻坚成果的根本措施，涉及多

个部门，关系多方利益，是在党委和政府领导下的一项系统工程，必须强化组织领导，凝聚工作合力。最关键、最根本的措施就是持续压紧压实各级责任，健全促进增收责任体系。一是落实省、市、县、乡、村五级书记抓巩固拓展脱贫攻坚成果和乡村振兴的工作责任制。二是推动各级各有关部门共同参与、共同发力，确保责任、政策、工作落实。三是落实县级主体责任，推动县委、县政府承担好巩固拓展脱贫攻坚成果“一线总指挥”职责，把促进脱贫人口持续增收作为重要工作抓紧抓好。四是压实乡、村两级和驻村工作队具体工作落实责任，把帮扶工作做扎实、做到位。

（二）健全拓宽脱贫人口增收渠道、促进脱贫人口收入持续增长的工作体系

一是加强监测分析研判。定期对脱贫人口收支与生活状况进行研判调度，切实用好全国防止返贫监测和衔接推进乡村振兴信息系统，及时掌握本地收入下降脱贫人口和收入偏低脱贫人口的总量规模、区域分布特点、人群特征，找出收入变化的原因，采取针对性措施予以解决。

二是广泛凝聚各方帮扶合力。推动东西部协作、中央单位定点帮扶等，把工作重心转向促进脱贫人口持续增收、脱贫地区全面发展。推动“万企兴万村”帮扶企业深度参与乡村产业发展，带动脱贫村加快发展。推动驻村第一书记和工作队在助推产业发展、促进稳岗就业等方面发挥作用。

三是较真碰硬、严格考评。将促进脱贫人口收入增长作为巩固拓展脱贫攻坚成果同乡村振兴有效衔接考核评估的重要内容，强化考核结果运用。将脱贫人口持续增收成效纳入驻村工作队和工作队员考核，作为评先评优重要依据。

（三）健全拓宽脱贫人口增收渠道、促进脱贫人口收入持续增长的支撑体系

总的是坚持立足整个县域推动乡村产业发展，切实形成县、乡、村

三级互促共进的发展格局，为拓宽脱贫人口增收渠道、促进脱贫人口收入持续增长提供政策、产业、就业、倾斜支持、交流合作等五个方面的支撑。

政策支撑，就是保持主要帮扶政策总体稳定，推动各地切实把中央出台的主要衔接政策落实落细落到位。严格落实“四个不摘”要求：摘帽不摘责任，防止松劲懈怠；摘帽不摘政策，防止急刹车；摘帽不摘帮扶，防止一撤了之；摘帽不摘监管，防止贫困反弹。

产业支撑，就是大力发展壮大特色产业，推动脱贫地区特色产业提质升级，因地制宜打造“一县一业”“一镇一特”“一村一品”。促进全产业链发展，支持农产品精深加工、副产物综合利用和以农业生产为主体的一二三产业融合发展。培育乡村工匠，支持鼓励传统技艺人才创办特色企业，带动乡村特色手工业发展。发展劳动密集型产业。充分利用脱贫县劳动力比较充足的优势，大力发展劳动密集型产业，积极发展服装纺织、食品加工等劳动密集型制造业，加快发展建筑施工、物流转运等劳动密集型服务业，既促进脱贫群众就业增收，又增强县域经济发展实力。

就业支撑，就是持续抓好稳岗就业帮扶工作。一是落实各项就业支持政策。落实就业创业服务补贴、跨省就业一次性交通补贴等政策，促进有组织劳务输出和省内劳务协作；支持帮扶车间、社区工厂统筹做好疫情防控和扩大生产；落实创业孵化、返乡入乡创业和劳务品牌培育支持政策，鼓励各地培育创建有特色、有口碑、有规模的劳务（技能）品牌。二是促进省内务工就业。充分发挥就业帮扶车间、乡村公益性岗位和以工代赈等渠道作用，吸纳更多符合条件的脱贫人口、监测对象就业；加大工作和政策支持力度，鼓励和引导更多脱贫人口自主创业和灵活就业。三是稳定省外务工就业。提升劳务输出组织化程度，落实东西部协作协议任务，使脱贫劳动力稳在就业地、稳在企业、稳在岗位；深化省际劳务协作，扩大就业渠道、增加就业机会。四是强化就业服务和保障。支持发展村级劳务组织，引导人力资源企业面向农村开展就业服务，建立常态化岗位信息共享和发布机制；扎实开展职业技能培训，提高务工人员就业能力。

倾斜支持支撑，就是倾斜支持乡村振兴重点帮扶县和易地扶贫搬迁安置点发展。推动各项支持政策切实落到促进国家乡村振兴重点帮扶县发展上，进一步细化支持措施，实施一批补短板、促发展的项目，改善基础设施条件，提升基本公共服务水平。加大对易地扶贫搬迁安置点产业培育力度，完善安置点配套设施和公共服务，提升安置社区治理水平，探索解决人口自然增长、生活成本增加等新问题的思路和办法，深入实施搬迁脱贫群众就业帮扶专项行动，确保搬迁群众稳得住、能融入、逐步能致富，防止发生社会不稳定问题。

交流合作支撑，就是加强脱贫县与发达地区经济交流合作，继续发挥好东西部协作、中央单位定点帮扶作用，鼓励和推动中西部地区大力引进东部沿海地区的企业、项目，整合资源共建产业园区，建设开放开发平台，加深与发达地区产业链的协同，承接产业梯度转移，实现“一县一业一园”。

（四）健全拓宽脱贫人口增收渠道、促进脱贫人口收入持续增长的经营性收入增加体系

发展帮扶产业，间接带动或直接促进脱贫人口增加经营性收入，是实现拓宽脱贫人口增收渠道、促进脱贫人口收入持续增长的重要支撑和重要途径。2021年，全国脱贫人口人均纯收入中，经营性净收入占比为14%，比全国农民平均水平低21个百分点，依靠产业增收潜力巨大。

政策支持。加大衔接资金投入，逐步提高中央财政衔接资金用于产业发展的比重；加大金融资金投入，对有融资需求的帮扶产业项目及时向金融机构推荐，对带动作用明显的帮扶企业给予贷款贴息支持，逐步扩大“富民贷”试点范围，对有贷款需求的脱贫户和监测户给予脱贫人口小额信贷支持，力争做到应贷尽贷；加大保险支持力度，推动脱贫地区扩大农产品价格险、灾害险的覆盖面，加快农业保险理赔速度；督促指导驻村第

一书记和工作队在协调落实产业扶持政策、提供技术人才服务、拓展销售渠道等方面发挥更大作用。

联农带农。过渡期内，使用各级财政衔接资金、脱贫县统筹整合使用财政涉农资金、东西部协作资金、中央单位定点帮扶无偿援助资金、社会捐赠资金扶持的经营性项目，原则上都应建立联农带农机制，项目经营主体落实联农带农责任。

龙头企业带动。加强政策扶持，优化营商环境，促进龙头企业做大做强，支持和推动龙头企业带动脱贫户、监测户发展生产或吸纳就业，使脱贫群众更多分享产业发展收益。归结起来就是，政府支持龙头企业，龙头企业带动农民增收。

发展庭院经济。大力推动庭院经济与现代农业有机结合，是促进脱贫地区发展帮扶产业的重要抓手，也符合农村老年劳动力多、弱劳动力多的实际。鼓励和引导有条件的脱贫户、监测户与龙头企业紧密联结，在符合用地政策的前提下，利用房前屋后、房顶地下等闲置土地和空间，因地制宜发展特色种植业、特色养殖业、特色加工业、特色旅游业和生产性服务业、生活性服务业，多措并举增加家庭经营性收入。

培育新业态。推动脱贫地区将农业农村的田园风光、农耕文明与自然景观等资源有机结合，构建“农业+文化+旅游”的发展模式，推动田园变公园、农房变客房、产品变商品、劳作变体验，通过培育新业态让农民卖特产、收租金、挣工资、拿分红，使农民得到更多实惠。

消费帮扶。发展帮扶产业，重在群众受益，难在持续稳定，关键要解决产品难卖问题。推动脱贫地区与东部发达地区构建长期稳定的产销对接关系；探索开展脱贫地区帮扶产品进机关、进学校、进医院、进社区等活动，推动各级财政预算单位按照一定比例预留年度食堂食材采购份额，推动各级定点帮扶单位同等条件下优先采购脱贫地区、脱贫户生产的农产品。

（五）健全拓宽脱贫人口增收渠道、促进脱贫人口收入持续增长的财产性收入增加体系

要稳步推进农村改革，盘活用好农村资产，创造更多条件赋予农民更多财产权利，促进脱贫人口财产性收入持续增加。

深化农村土地制度改革。扎实搞好确权，稳步推进赋权，有序实现活权，让农民更多分享改革红利；稳慎推进农村宅基地制度改革试点，切实摸清底数，加快房地一体宅基地确权登记颁证，加强规范管理，妥善化解历史遗留问题，探索宅基地“三权分置”有效实现形式；深化农村集体经营性建设用地入市试点，探索建立兼顾国家、农村集体经济组织和农民利益的土地增值收益有效调节机制。保障进城落户农民合法土地权益，鼓励依法自愿有偿转让。

巩固提升农村集体产权制度改革成果。构建产权关系明晰、治理架构科学、经营方式稳健、收益分配合理的运行机制，健全农村集体资产监管体系。保障妇女在农村集体经济组织中的合法权益。继续深化集体林权制度改革，深入推进农村综合改革试点示范。

盘活农村闲置资产。规范有序开展土地流转、土地托管等。支持利用闲置宅基地和住宅发展休闲农业、乡村旅游等富民产业，鼓励利用民居院落等资源打造具有品牌影响力的旅游民宿和养老型民居。

发展新型农村集体经济。探索开展农村集体资产股权质押贷款、农村集体经营性建设用地使用权和林权抵押贷款业务，推动资源变资产、资金变股金、农民变股东，探索资源发包、物业出租、居间服务、资产参股等多样化途径发展新型农村集体经济。

规范和加强扶贫项目资产运营管理。全国已确权2.7万亿元扶贫项目资产，有一半确权到村，超过1/4确权到户，其中包括大量经营性资产。对这些资产应规范管理，促进稳健收益、持续发挥效益。

（六）健全拓宽脱贫人口增收渠道、促进脱贫人口收入持续增长的社会保障兜底体系

社会保障兜底是防止返贫的最后一道防线。对部分缺乏劳动能力的贫困人口，可通过社会保障兜底防止返贫。各地各部门要根据经济社会发展情况，稳步提高社会保障兜底水平，确保应保尽保、应兜尽兜，保障基本生活需要。

严格落实社会保障兜底政策。将符合条件的脱贫人口、监测对象及时全部纳入农村低保、特困人员救助供养和临时救助范围，支持各地适时调整补贴标准。加大养老保险支持力度，对参加城乡居民基本养老保险的脱贫人口、监测对象等，符合条件的则为其代缴最低缴费标准的基本养老保险费。

巩固提升“三保障”和饮水安全成果。健全控辍保学和教育帮扶机制，减轻脱贫家庭教育支出负担。完善重特大疾病医疗保险和救助制度，分类落实参保资助和待遇享受政策，确保基本医疗保险对脱贫人口全覆盖，减轻医疗支出负担。有序推进农村危房改造和农房抗震加固改造，及时排查解决脱贫人口住房安全隐患。全面落实农村供水管理责任体系，持续提升脱贫人口供水保障水平。

开展农村移风易俗专项整治行动。重点治理高价彩礼、人情攀比、厚葬薄养、铺张浪费等群众反映强烈、社会关注的突出问题，减少脱贫群众不必要的支出。

加快养老服务模式创建。加快乡镇区域养老服务中心建设，推广日间照料、互助养老、探访关爱、老年食堂等养老服务。

知识链接

“庭院经济”最早于1984年由我国经济学家于光远提出，是指农民以自己的住宅院落及其周围为基地，以家庭为生产和经营单位，为自己和社会提供农业土特产品和有关服务的经济。2022年，农业农村部、国家乡村振兴局印发《关于鼓励引导脱贫地区高质量发展庭院经济的指导意见》，提出要从特色种植、特色养殖、特色手工等方面入手，利用自有院落空间及资源资产，支持农户高质量发展庭院经济。2023年，“庭院经济”首次被写入中央一号文件，文件明确提出“鼓励脱贫地区有条件的农户发展庭院经济”。不少农村地区通过引导农户发展庭院经济，已经形成庭院养殖模式、庭院生态循环模式、庭院休闲模式等多种类型，很多农民因此实现增收致富。

8 如何增强脱贫地区和脱贫人口内生发展动力?

习近平总书记在党的二十大报告中指出："巩固拓展脱贫攻坚成果，增强脱贫地区和脱贫群众内生发展动力。"增强脱贫地区和脱贫群众的内生发展动力，既是实现脱贫地区可持续发展、全面推进乡村振兴的重要基础和关键环节，也是拓展中国特色反贫困理论、推进中国式现代化乡村振兴道路的重要体现。然而，当下仍然存在部分干部群众懈怠松劲情况，特别是摘帽不摘帮扶、摘帽不摘政策在巩固拓展脱贫攻坚成果的同时，也使得部分脱贫人口滋生甚至加剧了一定的"等靠要"思想。只有采取有效措施，持续激发和增强脱贫地区和脱贫群众内生发展动力，才能更有效应对这些挑战。

党的二十大报告作出增强脱贫地区和脱贫群众内生发展动力的决策部署，是以习近平同志为核心的党中央立足全面建设社会主义现代化国家新征程，深刻把握巩固拓展脱贫攻坚成果的新形势提出的新要求，从区域和个体两个维度、物质和精神两个层面，为脱贫攻坚过渡期内深入推进巩固拓展脱贫攻坚成果同乡村振兴有效衔接高质量发展指明了方向。增强脱贫地区和脱贫群众内生发展动力，需要以习近平总书记有关重要论述为遵循，理解和把握有关理论逻辑和政策要求，总结交流各地成功经验，明确基本原则，有力有序推进脱贫地区和脱贫群众内生发展动力的持续提升。

一、根本遵循

习近平总书记始终高度重视脱贫地区和脱贫群众内生发展动力，发表了一系列重要论述。比如，习近平总书记指出："脱贫攻坚是干出来的，首先靠的是贫困地区广大干部群众齐心干。用好外力、激发内力是必须把握好的一对重要关系。对贫困地区来说，外力帮扶非常重要，但如果自身不努力、不作为，即使外力帮扶再大，也难以有效发挥作用。只有用好外力、激发内力，才能形成合力。"[①]又如，习近平总书记2022年12月23日在中央农村工作会议上指出，全面推进乡村振兴是新时代建设农业强国的重要任务，人力投入、物力配置、财力保障都要转移到乡村振兴上来。要全面推进产业、人才、文化、生态、组织"五个振兴"，统筹部署、协同推进，抓住重点、补齐短板。产业振兴是乡村振兴的重中之重，要落实产

① 中共中央党史和文献研究院编《习近平扶贫论述摘编》，中央文献出版社，2018，第138-139页。

业帮扶政策，做好土特产文章，依托农业农村特色资源，向开发农业多种功能、挖掘乡村多元价值要效益，向一二三产业融合发展要效益，强龙头、补链条、兴业态、树品牌，推动乡村产业全链条升级，增强市场竞争力和可持续发展能力。巩固拓展脱贫攻坚成果是全面推进乡村振兴的底线任务。要继续压紧压实责任，把脱贫人口和脱贫地区的帮扶政策衔接好、措施落到位，实现平稳过渡，坚决防止出现整村整乡返贫现象。要坚持把增加农民收入作为“三农”工作的中心任务，千方百计拓宽农民增收致富渠道①。这些重要论述，充分彰显了中国共产党以人民为中心的发展思想，体现了人民领袖深厚的为民情怀，为如何在新征程上增强脱贫地区和脱贫群众内生发展动力提供了根本遵循。

学习领会习近平总书记关于扶贫工作的重要论述，可以从观念、能力、行动三个层面进行理解和把握。

首先，从观念层面理解和把握。习近平总书记强调：摆脱贫困首要并不是摆脱物质的贫困，而是摆脱意识和思路的贫困；只要有信心，黄土变成金；人穷志不能短，扶贫必先扶志；脱贫致富贵在立志，只要有志气、有信心，就没有迈不过去的坎；没有脱贫志向，再多扶贫资金也只能管一时、不能管长久；要把扶贫同扶志结合起来，着力激发贫困群众发展生产、脱贫致富的主动性，着力培育贫困群众自力更生的意识和观念；把贫困群众积极性和主动性充分调动起来，引导贫困群众树立主体意识，发扬自力更生精神，激发改变贫困面貌的干劲和决心；引导贫困群众树立“宁愿苦干、不愿苦熬”的观念；扶贫既要富口袋，也要富脑袋；要教育引导群众抵制陈规陋习，发扬勤俭节约的优良传统；让每一个孩子都对自己有信心、对未来有希望；只要贫困地区干部群众激发走出贫困的志向和内生动力，以更加振奋的精神状态、更加扎实的工作作风，自力更生、艰苦奋斗，我们就能凝聚起打赢脱贫攻坚战的强大力量。

---

① 习近平：《加快建设农业强国　推进农业农村现代化》，《求是》2023年第6期。

其次，从能力层面理解和把握。习近平总书记强调：扶贫必扶智；要让贫困家庭的孩子都能接受公平的有质量的教育；要加强老区贫困人口职业技能培训，授之以渔，使他们都能掌握一项就业本领；振奋贫困地区和贫困群众精神风貌；注重培育贫困群众发展生产和务工经商的基本技能，注重激发贫困地区和贫困群众脱贫致富的内在活力，注重提高贫困地区和贫困群众自我发展能力；培养贫困群众发展生产和务工经商技能，组织、引导、支持贫困群众用自己辛勤劳动实现脱贫致富。

再次，从行动层面理解和把握。习近平总书记强调：脱贫致富终究要靠贫困群众用自己的辛勤劳动来实现；要鼓励个人努力工作、勤劳致富，要创造和维护机会公平、规则公平的社会环境，让每个人通过努力都有成功机会；打开孩子们通过学习成长、青壮年通过多渠道就业改变命运的扎实通道；要重视发挥广大基层干部群众的首创精神，支持他们积极探索，为他们创造八仙过海、各显神通的环境和条件；组织和支持贫困群众自力更生，发挥人民群众主动性；多采用生产奖补、劳务补助、以工代赈等机制，不大包大揽，不包办代替，教育和引导广大群众用自己的辛勤劳动实现脱贫致富。

二、相关理论

增强内生发展动力一直是发展面临的挑战，也因此成为发展中的世界难题。

从国内外相关理论研究看，关于增强区域与个体内生发展动力的理论主要集中体现在以下三类。

一是马克思主义的相关理论。如唯物辩证法认为：事物的内部矛盾即内因，是事物发展的第一位原因，是事物变化的根据。事物的外部矛盾即外因，是事物发展的第二位原因，是事物变化的不可缺少的条件。外因通过内因起作用，决定事物发展方向的仍然是内因。又如马克思主义发展理论强调人的自由发展，把人的解放和人的全面发展作为社会发展的目标。发展的目标不仅在于经济增长和消除贫困，还应该包括社会平等、政治民主、保护环境和使每一个人都得到自由发展。

二是国际上关于内生发展动力的理论。比较公认的理论主要包括：(1) 参与式发展理论。认为发展的核心是赋权，而赋权的核心则是对发展援助活动全过程的参与权和决策权进行再分配，要增加社区中穷人在发展活动中的发言权和决策权。(2) 阿马蒂亚·森的贫困理论。其主要论点：判断一个人是否贫穷不应该只考虑收入水平，而应该根据一个人在实现自己想要的基本物质生活和自由的可行能力；人们某些权利的丧失和被剥夺也是导致贫困和饥饿的根本所在。(3) 内生发展理论（又称内源式发展理论）。倡导以区域内生资源为基础，以促进人的发展为目标，通过发挥人的主体作用实现区域综合利益最大化；强调内外部资源共同作用，将外部干预转化为内部发展和建设的动力，是一种可持续发展的理念。

三是中国特色反贫困理论。强调用发展的办法消除贫困根源，充分调动广大贫困群众积极性、主动性、创造性，注重激发脱贫内生动力。“脱贫致富不仅要注意富口袋，更要注意富脑袋。”[①]只有贫困群众具备自我发展能力，才能形成外部帮扶与自我脱贫的良性互动，确保脱贫成果的长久可持续。

三、政策要求与基层实践

中国共产党历来高度重视激发内生发展动力。20世纪90年代形成了开发式扶贫方针，把发展作为解决贫困问题的根本路径。党的十八大以来，党中央实施精准扶贫精准脱贫基本方略，将扶贫与扶志扶智相结合，发展产业、鼓励就业、支持教育、引导群众克服“等靠要”思想，以发展的办法巩固脱贫成果。

新时代党关于增强脱贫地区和脱贫群众内生发展动力的政策要求体现

① 中共中央党史和文献研究院编《习近平扶贫论述摘编》，中央文献出版社，2018，第137页。

在以下条例、法规、政策中:《中国共产党农村工作条例》将“尊重农民主体地位和首创精神”作为党的农村工作的基本原则的重要内容;《乡村振兴战略规划(2018—2022年)》将“增强农业农村自我发展动力”作为乡村振兴的基本原则之一;《乡村振兴责任制实施办法》将“增强脱贫地区和脱贫群众内生发展动力”作为巩固拓展脱贫攻坚成果的重要任务。党的十九大以来每年的中央一号文件,都对内生动力提出要求,既强调精神上自强自立,也强调物质上加快发展,还特别要求通过深化改革的办法激发农村地区发展的内生动力。如2023年中央一号文件将增强脱贫地区和脱贫群众内生发展动力作为巩固脱贫攻坚成果的总抓手,明确提出把增加脱贫群众收入作为根本要求,把促进脱贫县加快发展作为主攻方向,更加注重扶志扶智,聚焦产业就业,不断缩小收入差距、发展差距。

各地以习近平总书记关于扶贫工作的重要论述为指引,贯彻落实党和国家有关决策部署,结合实际,在脱贫攻坚、巩固拓展脱贫攻坚成果同乡村振兴有限衔接、全面推进乡村振兴的实践中,积累形成多种多样的经验做法。总结起来,主要有以下六个方面。

第一,守住不发生规模性返贫的底线是增强脱贫地区和脱贫群众内生发展动力的前提条件。落实“四个不摘”要求,坚持巩固住再往前走,建立健全防止返贫动态监测和帮扶机制,立足当地情况动态调整防止返贫监测标准,创新信息化手段,通过农户自主申报、干部走访、部门筛查预警进行常态化监测和集中排查,将易返贫致贫人口纳入监测帮扶,切实做到早发现、早干预、早帮扶,守住了不发生规模性返贫的底线,激发了增强脱贫地区和脱贫群众内生发展动力。

第二,培育发展产业是增强脱贫地区和脱贫群众内生发展动力的重要支撑。产业兴旺是解决农村发展问题的前提。各地立足资源禀赋,坚持在土特产上下功夫,统筹脱贫地区产业规模化提升和到户类产业扶持,在选准产业发展方向、补齐产业短板弱项、选好产业经营模式、健全和落实联农带农机制方面进行了有益实践。如云南省大理白族自治州宾川县蔡甸村探索出“党支部+合作农场+托管”的全产业链利益联结机制，通过提成、返利、分红、工资等利益联结机制实现农民利益最大化，得到了群众的普遍认可。又如四川省广元市苍溪县从小果园、小桑园、小药园、小鱼塘、小养殖“五小”经济起步，逐步形成“庭院经济”模式，进而发展壮大成为家庭农场，促进当地特色产业规模和利润的增长，持续带动脱贫群众增收致富。再如浙江省衢州市常山县紧抓胡柚、香柚两大土特产，聚力打造“柚香谷”，开发“双柚汁”饮品，现已风靡浙江、进驻北京。还有沙县小吃、柳州螺蛳粉、大同黄花等经过多年产业转型升级打造成的消费扶贫区域性品牌。

第三，积极扩大就业是增强脱贫地区和脱贫群众内生发展动力的现实路径。2022年，全国脱贫人口人均工资性收入达9710元，比2021年增加1183元，增长13.9%，占人均纯收入的67.7%。实践证明，脱贫人口稳岗就业是脱贫人口增收最直接有效的途径。各地坚持就业优先战略，用好用足现有就业帮扶政策，统筹脱贫人口外出务工与促进就近就业双向发力，充分发挥东西部劳务协作、对口支援、定点帮扶和省内劳务协作机制作用，支持就业帮扶车间发展，开发公益性岗位，加大以工代赈力度，强化返乡回流人员就业帮扶，实施“雨露计划+”就业促进行动。如：贵州省黔西市新仁苗族乡化屋村加强帮扶车间与以工代赈的村庄基础设施建设，激发村民的村庄主体意识并培育致富内生动力。山西省临汾市汾西县开发县直各机关单位后勤、安保、卫生等公益性岗位，为县城周边居住的脱贫劳动力提供稳岗就业机会；“吕梁护工”成为家喻户晓的劳务品牌，让4万多人走出大山，甚至走出国门。

第四，发展新型农村集体经济是增强脱贫地区和脱贫群众内生发展动力的助推力量。各地深入开展农村集体产权制度改革，因地制宜探索资源发包、物业出租、居间服务、资产参股等多种模式，自我造血能力有效增强。如：浙江省杭州市萧山区凤凰村结合村民经商需求，让“村集体赚房租钱，村民赚产业钱”。陕西省延安市难沟村有序推进“资源变资产、资金变股金、农民变股东”的“三变”改革，积极探索多元化发展模式，实现了“村集体收入丰了，村民钱袋子鼓了”。重庆市酉阳土家族苗族自治县何家岩村采取“公司+企业+高校+村集体+农户”经营模式，让农民加入“花田贡米”的“智慧认养”新业态，增加了收入。

第五，发展壮大县域经济是增强脱贫地区和脱贫群众内生发展动力的关键所在。各地围绕发展壮大县域经济，发挥比较优势，优化空间布局，大力发展新产业新业态，通过引进落地一批劳动密集型企业，培育认定一批联农带农、富民强县的龙头企业，扶持壮大一批新型农业经营主体，鼓励推动一批社会力量着眼脱贫地区发展等具体举措，促进生产要素集成转化，推动脱贫地区发展壮大县域经济高质量发展，脱贫人口持续增收。如：新疆维吾尔自治区利用原料、电力、区位等优势，主动承接东中部纺织服装业产业转移，促进了区域经济发展，就业人数大幅增加。江苏省常州市通过东西协作机制，推动陕西省安康市抢抓东部产业转移机遇，大力发展毛绒玩具产业，加快促进了相关产业的集聚，推进了对江浙地区配套产业链条的转移承接，有效带动脱贫人口就业增收。广东省动员龙头企业在贵州省毕节市建设多品类农产品产业核心种植示范基地、农畜产品加工配送中心等项目，带动周边农村劳动力就业增收。

第六，提升脱贫群众高技能素质是增强脱贫地区和脱贫群众内生发展动力的治本之策。各地通过人才评定、选派专家、培育致富带头人等措施和政策，不断增强脱贫地区内生发展动力，提高脱贫群众增收致富能力。不少地方针对脱贫群众需求大力实施“雨露计划+”就业促进行动，开展多形式职业技能培训，切实增强脱贫群众信心和本领。如：山东省德州市对脱贫家庭子女主动提供“131”（1次职业指导、3次岗位推介、1次技能培训或就业见习机会）就业服务，发补贴、给托底，精准落实“雨露计划+”就业促进行动。河南省兰考县创新推出“三三三”（三个工作机制、三项培训需求、持证就业增收三种比率）措施，逐步实现“人人持证、技能上岗”。安徽省潜山市为易地扶贫搬迁安置点脱贫妇女提供家政服务技能培训，赋予其一技之长。广西壮族自治区南宁市隆安县依托“小梁送工”就业服务模式，持续开展电工、焊工、修剪工等订单式技能培训，提高脱贫劳动力人工匹配。

四、主要途径

学习领会习近平总书记关于扶贫工作的重要论述，贯彻落实国家有关决策安排，总结各地经验做法，从总体上考虑，持续增强脱贫地区和脱贫群众的内生发展动力，需要坚持以下基本原则，即要做到“五个坚持”：一是坚持党的领导，健全领导体制和工作机制，以责任落实推动工作落实、政策落实，为巩固拓展脱贫攻坚成果提供坚强保障。二是坚持群众主体，把农民群众满意不满意作为评判工作的最高标准，让脱贫人口在巩固拓展脱贫攻坚成果中有更多获得感、幸福感、安全感。三是坚持因地制宜，根据各地经济基础、自然条件、区位特征、资源优势、文化传统等，统筹推进、分类施策。四是坚持改革创新，推动人才、技术、土地、资本等要素在城乡间双向流动和平等交换，稳慎推进土地制度改革，为脱贫地区发展和脱贫群众增收注入强大动力。五是坚持凝聚合力，增强脱贫群众自我发展的志气、心气、底气，构建专项帮扶、行业帮扶、社会帮扶互为补充的工作格局，实现脱贫群众和政府、市场、社会协同发力。

基于上述原则，结合国家政策要求和各地成功实践，增强脱贫地区和脱贫群众内生发展动力的主要途径包括以下六个方面。

（一）大力发展特色产业，做好土特产这篇大文章

发展特色产业是增强脱贫地区和脱贫群众内生发展动力的重要支撑，体现在：特色产业作为脱贫地区发展的根基和驱动力，一方面可以推动脱贫地区优势资源有效转化，为脱贫地区发展提供物质基础；另一方面可以留住农村人力资源，并吸引劳动力回流，从而增强脱贫地区经济社会发展的内在活力。同时，特色产业的可持续发展为脱贫地区和脱贫群众注入发

展动能，因地制宜培育特色优势主导产业，加快推动产业全链条升级，打造优势明显、成长性好、可持续性强的特色产业，有利于激发脱贫群众的发展意愿，增强脱贫地区的发展活力。此外，发展特色产业还是带动脱贫群众就业增收的有效途径，是提升脱贫群众发展能力的重要举措。在实际工作中，要统筹指导各地科学做好土特产这篇文章，遵循市场规律，瞄准现代需求，把握目标定位，突出“小而精”，支持以中央财政衔接资金为先导、撬动社会资本共同精准培育土特产产业，并引导各地均衡布局专业细分市场、特色小众市场。同时，瞄准中心城市和发达地区居民过上更加美好生活对优质农产品、生态产品与服务的大量需求，在特色发展和品牌化发展上做文章，以道路交通和仓储、冷链等物流设施建设为支撑，大力发展现代特色农业、生态产业和农旅结合、文旅结合相关产业，不断提高物流效率和服务水平，不断延伸产业链条，不断提高产业附加值，构建一二三产融合发展同城乡融合发展协同推进格局。

（二）贯彻新发展理念，积极扩大就业

要创新就业理念，拓宽就业渠道，加强兜底就业帮扶。依托数字乡村建设，支持脱贫地区因地制宜培育共享农业、体验农业、创意农业、农商直供、个人定制等农村数字化新产业新业态，为脱贫群众创造更多在家门口就业的新机会和新岗位。继续深化东西部劳务协作，深入开展易地搬迁群众就业帮扶专项行动，全面实施防止返贫就业攻坚行动，持续运营好就业帮扶车间和其他产业帮扶项目，确保脱贫劳动力就业规模稳定在3000万人以上。充分发挥乡村公益性岗位就业保障作用，解决好发展困难群体的就业难题。深入开展“雨露计划+”就业促进行动，组织开展从教育培训到促进就业的全链条帮扶措施，进一步提升脱贫群众的收入水平。

（三）发展壮大县域经济，推动内生发展动力全面提升

第一，脱贫地区要立足资源禀赋和区位条件，发挥土地、劳动力、生

态环境等比较优势，优化营商环境，积极引进中心城市和先发地区资本、技术，主动承接产业转移，在规模化发展和聚集发展上做文章，以工业化带动新型城镇化。构建县城、乡镇、中心村功能衔接的产业布局和以县城为枢纽、以小城镇为节点的县域经济体系。持续支持脱贫地区改善基础设施条件，提高县域发展承载力；支持脱贫地区主动承接产业转移，打造劳动密集型发展集群，培育县域经济新增长点，扶持壮大龙头企业。第二，要深入推动农业供给侧结构性改革，加快推进农业产业纵向和横向融合发展，完善种植、加工、销售一体化的产业链条，实现乡村经济多元化和农业全产业链发展，把除提供原材料或制造初级产品之外占大头的环节产生的利润留在本土，通过延长产业链，实现农业增效、农民增收、农村繁荣。第三，要着力建构良性的工农关系和城乡关系，既要提升农民人力资本，又要增强产业吸纳劳力的能力，推动人才、技术、信息、资金等生产要素在城乡间的流动和共享，通过城乡融合实现县域内乡村产业的可持续发展，并挖掘县镇市场和农村市场的巨大潜力，通过增强消费发挥增收效应，形成国民经济的良性循环。第四，要注重配套改革和配套政策设计，提升政策协同性。如推进农民致富带头人培训，推进农村集体产权制度改革，健全农村电子商务体系，提升集体经济组织的经营能力，以真正带动脱贫群体和其他生产主体发展。

（四）多措并举，大力发展新型集体经济

以县为单位，全面摸清土地、房屋等集体经济可利用资源，建立健全台账式管理机制。从经济带、城市群区域经济视角出发，以工业化城镇化背景下日益增值的土地资源和生态资源为根基，统筹谋划不同村庄集体经济发展方向和具体模式。要围绕县域重点产业，立足本村优势特色，创新发展路径，形成参股经营型、资源开发型、农业社会化服务型等多种模式，强化确权到村的经营性扶贫资产运营管理，规范农村集体经济组织运行，加强村级光伏扶贫电站管理维护，规范村级集体经济收益分配，支持

依法合理利用村集体机动地、“四荒地”、闲散果园、养殖水面，盘活闲置宅基地和闲置住宅发展现代农业，等等。根据外来资本和本村经营管理能力等具体条件，选择出租、入股、主营等灵活多样的集体资产经营管理模式，不断深化与各种市场主体的合作，在发展中提升能力、壮大规模，完善利益联结机制，探索成立乡镇联合发展平台，推动村村联合发展，走各具特色的强村富民之路。

（五）深化农村改革，激发内生发展动力，增强动能

一是创新扶贫项目资产运营管理。研究探索接轨市场、具备弹性的扶贫项目资产运营管理制度，稳慎引入社会资本和投融资平台，分类试点项目资产整合利用，推动确权到村的经营性扶贫项目资产逐步实现高效运营管理。二是推进农村土地制度改革和农村集体产权制度改革。三是优化脱贫地区营商环境。指导脱贫地区对标先进，以“降成本”“优服务”为重点改善营商环境，强化基础设施配套和规划布局，对经东西部协作渠道转移而来的劳动密集型产业落地运行所需基本要素予以优先保障。四是消除阻碍县域内破除城乡二元结构的体制机制因素，创新制度政策供给。五是针对留守儿童、妇女、老年人、残疾人等特殊群体，通过建立健全“支部引路、党员带头、村民参与、农户受益”等联动机制，依托村理事会、红白理事会、慈善协会等社区组织，开展助人活动，为这些群体参与社区公共事务提供平台，帮助其主动参与到社区建设中，消除对外在环境的恐惧感和无力感，增强其内生发展动力。

（六）把推进乡村人才振兴摆在更加突出的位置，完善发挥农民主体作用的制度体系

大力培养一大批乡村发展引路人、产业带头人、政策明白人。发挥返乡回流脱贫人口作用，指导各地积极破除返乡回流脱贫人口尤其是50岁以上中老年劳动力的再就业制度障碍。对返乡回流脱贫人口强化“以工代

训”，帮助其增强发展生产和务工经商技能，培养成“土专家”“田秀才”。畅通城乡人才流动渠道。健全自下而上、农民参与的实施机制，完善农民全程参与的体制机制。强化脱贫群众的思想文化教育，坚持用伟大精神、先进文化、榜样先锋等激发脱贫群众的发展斗志，潜移默化地消除“等靠要”思想。突出重点区域的职业教育，在国家乡村振兴重点帮扶县、易地扶贫搬迁大型安置区建设一批培训基地和技工院校，扩大技工院校招生和职业教育培训规模，积极开展市场经营、就业创业、健康素养等培训活动，帮助脱贫群众增强参与意识，掌握干事创业的实用技能。

知识链接

“雨露计划”是一项以政府主导、社会参与为特色，以提高素质、增强就业和创业能力为宗旨，以职业教育、创业培训和农业实用技术培训为手段，以促成转移就业、自主创业为途径的社会工程。“雨露计划”在脱贫攻坚期间，累计惠及800多万贫困家庭新成长劳动力，带动1500多万贫困人口脱贫。“雨露计划+”就业促进行动将帮扶对象由脱贫家庭扩展到了脱贫家庭和防止返贫监测对象家庭，将支持范围由职业教育环节延伸到了就业帮扶环节，为脱贫家庭实现就业增收、巩固拓展脱贫攻坚成果打下坚实基础，为扩大乡村人才供给、促进乡村全面振兴提供有力支撑。

9 怎样建设宜居宜业和美乡村?

习近平总书记在党的二十大报告中提出“全面推进乡村振兴”，强调“建设宜居宜业和美乡村”。这是以习近平同志为核心的党中央统筹国内国际两个大局、坚持以中国式现代化全面推进中华民族伟大复兴，对正确处理好工农城乡关系作出的重大战略部署。从党的十六届五中全会提出“生产发展、生活宽裕、乡风文明、村容整洁、管理民主”的社会主义新农村建设目标和要求，到党的十九大提出“产业兴旺、生态宜居、乡风文明、治理有效、生活富裕”的实施乡村振兴战略总要求，再到党的十九届五中全会提出实施乡村建设行动，强调把乡村建设摆在社会主义现代化建设的重要位置，直至党的二十大进一步提出“建设宜居宜业和美乡村”，其实质是一以贯之地体现了我们党对乡村建设规律的深刻把握，充分反映了亿万农民对建设美丽家园、过上美好生活的愿景和期盼。那么，什么是宜居宜业和美乡村？为什么要建设宜居宜业和美乡村？如何建设宜居宜业和美乡村？对这一系列相关问题的科学回答，有助于准确理解和把握建设宜居宜业和美乡村的科学内涵，更广泛凝聚共识，形成合力，扎实推进宜居宜业和美乡村建设，为加快农业农村现代化、建设农业强国、加快实现中国式现代化提供强有力支撑。

党的二十大报告作出“全面推进乡村振兴”的新部署，提出“统筹乡村基础设施和公共服务布局，建设宜居宜业和美乡村”[①]目标任务要求，为新征程全面推进乡村发展、乡村建设、乡村治理指明了方向。若要理解建设宜居宜业和美乡村，需要全面理解其科学内涵、重大意义及政策要求，需要客观分析建设宜居宜业和美乡村面临的问题，需要总结成功实践经验，有力有效推进建设宜居宜业和美乡村取得新进展新成效。

一、理解建设宜居宜业和美乡村的科学内涵、重大意义和政策要求

在新时代新征程全面推进乡村振兴的背景下，建设宜居宜业和美乡村具有科学的丰富内涵、重大的历史意义和现实意义、系统全面的政策要求。

（一）建设宜居宜业和美乡村的丰富内涵

习近平总书记关于“三农”工作的重要论述中关于“宜居宜业和美乡村”的论述有60多条。认真学习、深刻领会这些重要论述，我们就可以正确理解和把握宜居宜业和美乡村的丰富内涵。

补齐基础设施和公共服务短板是基础。习近平总书记强调，要办好就业、教育、社保、医疗、养老、托幼、住房等民生实事。一是推动公共基础设施往村覆盖、往户延伸，重点是交通运输、农田水利、农村饮水、乡村物流、宽带网络等，要求秉持先规划后建设原则，统筹谋划。二是推动

① 习近平：《高举中国特色社会主义伟大旗帜 为全面建设社会主义现代化国家而团结奋斗——在中国共产党第二十次全国代表大会上的报告》，人民出版社，2022，第31页。

公共服务下乡，形成全民覆盖、普惠共享、城乡一体的基本公共服务体系，加强乡村卫生体系建设、优先发展乡村教育、保障好留守人员和弱势群体。三是应对乡村人口老龄化现实需要，探索农村养老新模式。四是加强流域综合治理，补齐防灾基础设施短板。

建设生态宜居的美丽乡村是内在要求。习近平总书记指出，良好生态环境是最公平的公共产品，是最普惠的民生福祉，并强调以绿色发展引领乡村振兴是一场深刻革命。一是把生态治理和发展特色产业相结合，把乡村绿色资源转化为经济资源，走协调发展、和谐共生之路。二是推动农业集约化和绿色化发展，强化资源保护与节约利用。三是坚持山水林田湖草沙一体化保护和系统治理，重点集中治理农业环境突出问题。四是持续改善农村人居环境，解决垃圾、污水、厕所等问题，把好事办好、实事办实。五是不搞盲目大拆大建，突出乡土特色和地域民族等特点，促进村庄形态与自然环境相得益彰，为老百姓留住鸟语花香田园风光。

让农民有活干、有钱赚是中心任务。增加农民收入是农业农村的关键，是“三农”工作的中心任务。一是构建现代农业产业体系、生产体系、经营体系，发展适度规模经营，培育新型农业经营主体，健全农业社会化服务体系，实现小农户和现代农业发展有机衔接。二是重点完善利益联结机制，多种途径提高农民的参与度，让农民更多分享产业增值收益。三是壮大集体经济，盘活集体资产，建立集体经济运行新机制，确保农民从中受益。四是培养适应现代农业发展需要的高素质职业农民队伍，为他们创业发展创造良好外部环境。五是完善对粮食主产区和种粮农民的收益补偿和激励。

构建安定和谐的社会环境是保障。习近平总书记指出，乡村振兴，既要塑形，也要铸魂。和美乡村一定是物质和精神相统一。一是继承并发扬我国的优秀传统文化，培育文明乡风、良好家风、淳朴民风。二是加强农村思想道德建设，弘扬和践行社会主义核心价值观，推进移风易俗，提振农民群众精气神。三是健全自治、法治、德治相结合的乡村治理体系，实现乡村善治。四是完善农村基层矛盾纠纷调处机制，把问题解决在萌芽状态。

习近平总书记的系列重要论述，深刻表明了建设宜居宜业和美乡村的基本内涵应该包括：第一，农村要逐步基本具备现代生活条件，就是要努力实现农村基本生活设施不断完善，乡村水电路气信和物流等生活基础设施基本配套完备，住房建设质量稳步提高，生产生活便利化程度进一步提升；农村基本公共服务公平可及，全民覆盖、普惠共享、城乡一体的基本公共服务体系逐步健全，城乡基本公共服务均等化扎实推进，教育、医疗、养老等公共服务资源县、乡、村三级统筹配置、合理布局，基本公共服务水平不断提升；农村人居环境持续改善，卫生厕所进一步普及，生活垃圾和污水得到有效处理，生态环境逐步好转，绿色生产生活方式深入人心；村庄风貌突出乡土特征、文化特质、地域特点，既个性鲜明、富有特色又功能完备、设施完善，保留乡风乡韵、乡景乡味，留得住青山绿水、记得住乡愁。第二，农村要创造更多农民就地就近就业机会，就是要农业多种功能、乡村多元价值得到有效开发，乡村产业发展提供更多就近、稳定的就业岗位，农村劳动力稳定外出务工就业，农民生产经营能力、就业技能和质量显著提高；农民增收长效机制进一步健全，农民生活水平不断提高，城乡居民收入差距逐步缩小；农村营商环境显著改善，政策支持和服务保障不断强化，各类人才留乡返乡入乡就业创业，成为带动乡村发展的主力军。第三，农村要保持积极向上的文明风尚和安定祥和的社会环境，就是要农村基层党组织进一步抓实建强，党组织领导下自治、法治、德治相结合的乡村治理体系不断健全，乡村善治水平显著提高；社会主义核心价值观深入人心，优秀传统文化繁荣发展，农村移风易俗取得扎实进展，农民精神风貌全面提振，良好社会风尚蔚然成风；农村各类矛盾纠纷有效化解，平安乡村建设扎实推进，农村社会环境始终保持稳定。第四，城市和乡村要各美其美、协调发展，就是要农业转移人口市民化扎实推进，城市基本公共服务逐步向常住人口全覆盖，进城落户农民的土地承包经营权、宅基地使用权和集体收益分配权得到有效保护；城乡要素自由流动制度性通道基本打通，城乡发展差距和居民生活水平差距不断缩小，以县城为重要载体的城镇化扎实推进，县域城乡融合发展取得显著进展。

（二）建设宜居宜业和美乡村的重大意义

建设宜居宜业和美乡村是全面建设社会主义现代化国家的重要内容。习近平总书记强调，全面建设社会主义现代化国家，实现中华民族伟大复兴，最艰巨最繁重的任务依然在农村，最广泛最深厚的基础依然在农村[①]。建设宜居宜业和美乡村是农业农村发展新的历史方位，也是“三农”工作新的历史使命。

建设宜居宜业和美乡村是让农民就地过上现代生活的迫切需要。习近平总书记强调，要牢记亿万农民对革命、建设、改革作出的巨大贡献，把乡村建设好，让亿万农民有更多获得感，充分调动亿万农民的积极性、主动性、创造性[②]。我国未来即便是城镇化率达到70%，还将有数亿人生活在农村。只有顺应农民群众对美好生活的向往，通过坚持不懈地推进宜居宜业和美乡村建设，持续提高农村生活质量、缩小城乡发展差距，才能将农村打造成农民就地过上现代生活的幸福家园。

建设宜居宜业和美乡村是焕发乡村文明新气象的内在要求。习近平总书记强调，农村是我国传统文明的发源地，乡土文化的根不能断，农村不能成为荒芜的农村、留守的农村、记忆中的故园[③]。推进宜居宜业和美乡村建设，就是要坚持物质文明和精神文明一起抓，把我国农耕文明优秀遗产和现代文明要素结合起来，赋予新的时代内涵，让我国历史悠久的农耕文明在新时代展现其魅力和风采，进一步改善农民精神风貌，提高乡村社会文明程度。

---

① 习近平：《论“三农”工作》，中央文献出版社，2022，第3页。

② 同上书，第239-240页。

③ 同上书，第100页。

（三）建设宜居宜业和美乡村的政策要求

经梳理，发现党的十八大以来的中央及部门相关政策多达17个，政策要求由“宜居”向“宜居宜业”、由“美丽乡村”向“和美乡村”转变。

1.关于宜居宜业的政策要求

党的十八大以来的相关政策，主要围绕“美丽宜居乡村”“宜居宜业乡村”建设，且逐渐由“宜居”转向“宜居宜业”。

党中央、国务院的政策部署。2015年11月出台的《中共中央 国务院关于打赢脱贫攻坚战的决定》指出，“以整村推进为平台，加快改善贫困村生产生活条件，扎实推进美丽宜居乡村建设”。2015年12月出台的《中共中央 国务院关于落实发展新理念加快农业现代化 实现全面小康目标的若干意见》提出“开展农村人居环境整治行动和美丽宜居乡村建设”，并“鼓励各地因地制宜探索各具特色的美丽宜居乡村建设模式”。2016年10月，国务院印发的《全国农业现代化规划（2016—2020年）》提到的发展目标是“到2020年，全国农业现代化取得明显进展，国家粮食安全得到有效保障，农产品供给体系质量和效率显著提高，农业国际竞争力进一步增强，农民生活达到全面小康水平，美丽宜居乡村建设迈上新台阶”。2016年12月出台的《中共中央 国务院关于深入推进农业供给侧结构性改革 加快培育农业农村发展新动能的若干意见》中指出要“培育宜居宜业特色村镇”“深入开展农村人居环境治理和美丽宜居乡村建设”。2017年2月印发的《国务院办公厅关于创新农村基础设施投融资体制机制的指导意见》指出主要目标是“到2020年，主体多元、充满活力的投融资体制基本形成，市场运作、专业高效的建管机制逐步建立，城乡基础设施建设管理一体化水平明显提高，农村基础设施条件明显改善，美丽宜居乡村建设取得明显进展，广大农民共享改革发展成果的获得感进一步增强”。2018年2月，中共中央办公厅、国务院办公厅出台《农村人居环境整治三年行动方案》，提出“改善农村人居环境，建设美丽宜居乡村，是实施乡村振兴战略的一项重要任务，事关全面建成小康社会，事关广大农民根本福祉，事关农村社会文明和谐”。2021年1月印发的《中共中央　国务院关于全面推进乡村振兴　加快农业农村现代化的意见》提出“开展美丽宜居村庄和美丽庭院示范创建活动”。2021年11月，国务院出台的《“十四五”推进农业农村现代化规划》第五章的内容是“实施乡村建设行动　建设宜居宜业乡村”，其中一项是“把乡村建设摆在社会主义现代化建设的重要位置，大力开展乡村建设行动，聚焦交通便捷、生活便利、服务提质、环境美好，建设宜居宜业的农民新家园”。2022年5月，中共中央办公厅、国务院办公厅印发了《乡村建设行动实施方案》，将“努力让农村具备更好生活条件，建设宜居宜业美丽乡村”作为指导思想的一部分。

有关部门的政策要求。2016年，国家发展改革委印发《全国农村经济发展“十三五”规划》，强调“推动城乡协调发展，建设美丽宜居乡村”。2020年，生态环境部办公厅、农业农村部办公厅、国务院扶贫办综合司联合出台的《关于以生态振兴巩固脱贫攻坚成果　进一步推进乡村振兴的指导意见（2020—2022年）》提出“以美丽乡村建设为导向提升生态宜居水平”。2021年，国家发展改革委等15个部门联合印发了《“十四五”支持革命老区巩固拓展脱贫攻坚成果衔接推进乡村振兴实施方案》，提出“加快推进革命老区宜居宜业美丽乡村建设”；生态环境部、科学技术部印发了《百城千县万名专家生态环境科技帮扶行动计划》，指出“持续改善水环境质量和建设生态宜居美丽乡村”。2022年，文化和旅游部等6部门印发《关于推动文化产业赋能乡村振兴的意见》，指出“建设各具特色的美丽乡村、美丽庭院，创造宜业宜居宜乐宜游的良好环境”。

2.关于和美乡村的政策要求

党的二十大之前，国家和部门层面未有和美乡村的表述，相关部署主要集中在美丽乡村建设。2013年中央一号文件指出要“加强农村生态建设、环境保护和综合整治，努力建设美丽乡村”。2013年2月，农业部办公厅印发《农业部办公厅关于开展“美丽乡村”创建活动的意见》等。直到党的二十大开幕后，2022年9月26日，《农业农村部办公厅　住房和城乡建设部办公厅关于开展美丽宜居村庄创建示范工作的通知》印发，提出的主要目标有“打造不同类型、不同特点的宜居宜业和美乡村示范样板，推动乡村振兴”。

通过对上述相关政策的梳理，可以认为，建设宜居宜业和美乡村是党中央基于现阶段我国新农村建设取得的成果与存在的问题，对乡村振兴工作作出的方向性部署，对乡村振兴战略实施提出了更高要求。一是从“宜居”转向“宜居宜业”并重。不仅要利于生活，还要利于生产，才能把人真正留在农村，增加农村发展动力。宜居需要提升基础设施和公共服务，宜业则需要加强农村产业发展，优化在农村就业创业环境。二是从“美丽乡村”转向“和美乡村”，外在美与内在美并重，建设与治理并重。与美丽乡村比，和美乡村不仅要求内外双修，还更加突出一种互动感，更关注人的参与度，既包含在农村居住的人与其所处环境的互动，也包含农村与外界的互动（城乡融合发展），达到人与自然、人与社会的和谐。

二、当前建设宜居宜业和美乡村面临的问题

（一）建设宜居乡村面临的问题

实施乡村建设行动是促进乡村宜居化的主要抓手。中国扶贫发展中心对200个村进行调查后发现，目前各地乡村建设行动在具体落地实施中存在着四个方面的共性问题。

一是缺乏以多部门沟通协调为基础的整体统筹推进机制。乡村建设是一项系统工程，由于多部门间缺乏沟通协调机制，不仅使乡村建设任务审核时间长、协调难度大、推进缓慢，还因缺乏整体统筹、各自为政，造成资金投入分散、建设项目重叠以及“马路拉链”等低效建设问题。

二是缺乏村庄规划编制指导。许多村庄规划质量不高，远没有达到预期效果，多不具有落地性和实施性。不少村庄规划是当地村干部带头编制

的，由于缺乏专业知识和相关指导，编制的村庄规划大部分缺乏科学性、专业性、实用性和前瞻性。

三是乡村建设受到建设空间不足限制。长期以来，由于城乡建设用地指标分配向城市地区倾斜，加之土地有偿调剂的大量开展，农村建设用地指标日渐萎缩，可用于乡村建设的空间十分有限。

四是农村公共基础设施长效管护机制不全不强。一方面，公共基础设施管护不力，已建成运行的公共基础设施后续维护不足、功能弱化，甚至不能运行。另一方面，公共基础设施管护乏力，许多地方雇佣当地农民担任公共基础设施管护人员，由于缺乏专业技术培训，一些常见的设施状况问题不能得到及时维护，致使出现较大问题。

从不同区域来看，各地在乡村宜居方面问题表现不同：一是东部地区乡村建设相对短板愈加明显，成本负担愈加严重。二是中部地区农村基础设施和公共服务设施还有较大改善空间。三是西部地区农村宜居环境整体不高。

（二）建设宜业乡村面临的问题

乡村发展是实现乡村宜业的关键。根据相关调查发现，目前乡村发展普遍面临以下三个方面的共性问题。

一是乡村产业规模较小。大多数乡村产业经营规模较小，无法形成集聚效应，产业发展后劲不足，无法形成产业竞争力和品牌效应。

二是一二三产业融合发展不够。各地乡村产业产出依旧以初级农产品为主，效益较低、抗风险能力较弱，与二三产业的联动和延伸不足，处于较低层次。

三是产业发展缺乏科学设计和引导。大规模推广某一乡村产业充分论证不足，农户发展个体产业往往缺乏有效指导，容易出现某一产品供给高于市场需求或同质竞争。

从区域情况看，东部山区村农业机械化水平有待进一步提升；中部地区农产品加工业发展相对滞后；西部地区乡村产业尚处于起头迈步阶段，总体偏弱。

（三）建设和美乡村面临的问题

提高农村现代化治理能力和治理水平是实现乡村和美的核心要义。综合各方面调查研究发现，目前各地乡村治理普遍面临着以下三个方面的共性问题。

一是农民参与度不高。一方面，基层组织领导力不强，领导胜任力普遍较弱，组织村民参与乡村治理的能力不足。另一方面，农民参与乡村治理的内生动力不足，“等靠要”思想依旧严重。

二是农村空心化现象日趋严重。一个没有人的农村，其乡村治理根本无从谈起。农村群体的社会纽带弱化、各类农村公共资源闲置，降低了乡村治理的作用和必要性。

三是乡村数字化治理水平不高。一方面，数字乡村存在“为建而建”的问题。另一方面，基层普遍对数字乡村“看不懂”“不看好”。

从不同区域来看，东部地区农村外来人口治理工作仍需加强，中部地区农村矛盾纠纷不断增多，西部地区农村精神文明建设有待加强。

三、建设宜居宜业和美乡村的地方实践

浙江省金华市、湖北省孝感市先后于2018年、2020年较早提出并开展了和美乡村建设实践，取得初步成效，形成了一定经验。

（一）浙江省金华市和美乡村建设实践

精心设计行动指南。2018年7月，金华市印发实施《全面实施乡村振兴战略 高水平建设现代化和美乡村行动方案（2018—2022年）》，突出城乡融合、产业融合、生态和谐、社会和谐、文化共荣的思想，明确到2022年要提升新型农业主体1000家以上、创建A级景区村1000个、善治

示范村1000个，农民人均可支配收入增加万元以上。同年11月，金华市人大还对应形成了相关决议。截至2022年，金华市和美乡村建设主要目标指标超额达成，累计提升新型农业主体9759家以上、创建A级景区村1791个、善治示范村1446个，农民人均可支配收入较2017年增加约1.2万元。

抓好人居环境。实施《金华市农村生活垃圾分类管理条例》，推进小城市试点、小城镇环境综合整治、农村人居环境整治工作。大力开展美丽乡村示范创建，金东创建成为浙江省新时代美丽乡村示范县。截至2023年12月，金华市共有240个村创建成为浙江省美丽宜居示范村试点。深入开展“五水共治”，金华市和浦江县获“大禹鼎”金鼎。婺城区罗店镇大岭村狠抓美丽庭院建设，优化美化村庄环境，构建了“一个礼堂、五个中心、六大平台、N个庭院空间”，吸引游客纷至沓来。

发展美丽经济。推进美丽乡村旅游产业，2018—2022年，共创建浙江省A级景区村1791个，新增或提升美丽乡村风景线50条。其中，秀美浦江休闲游入选中国美丽休闲乡村旅游精品景点线路。例如，婺城区通过传承白沙文化、布局生态景观、发展美丽经济，推进乡村全域美丽。创建美丽牧场，截至2022年，累计打造浙江省美丽牧场251家。

强化基层治理。坚持以“基层党建+社会治理”创新为主抓手，持续深化拓展“后陈经验”“浦江经验”“龙山经验”。全面推广民情民访代办制，创建了一批“无访乡村”“善治村居”。例如，兰溪市黄店镇深入开展“大家访、大代办、大接访、大化解”活动，建立镇级矛盾调解中心，开发“黄小码”掌上矛盾调解软件，让老百姓的大事小情在镇里就能解决、在“掌”上就能实现。

深化农村改革。稳妥推进行政村规模调整，2018—2019年，金华市行政村数量调减35.7%。基本完成农村承包地确权颁证，有序推进农村土地“三权分置”改革、农村集体产权制度改革，农村集体资产清产核资基本完成。如义乌市积极承担农村宅基地制度改革试点任务，累计发放农房抵押贷款3.02万笔、219亿元，在2021年入选浙江省共同富裕示范区“典型案例清单”。“消薄”工作深入推进，2019年浙江省定集体经济薄弱村全部“消薄”，低收入农户人均可支配收入增长10.7%。

（二）湖北省孝感市和美乡村建设实践

强化工作指引。2020年12月、2021年3月，湖北省孝感市先后印发《乡村振兴“功能镇区、和美乡村、实力产业”三项行动的实施方案》《中共孝感市委 孝感市人民政府关于开展“功能镇区、和美乡村、实力产业”三项行动 全面推进乡村振兴加快农业农村现代化的实施意见》，提出要加快建设和美乡村，实施建立健全长效管理机制、推进乡村社会治理体系和治理能力建设、持续开展美丽乡村建设、加强乡风文明建设等举措。2022年，孝感市继续出台推进“功能镇区、和美乡村、实力产业”三项行动的有关指导意见，旗帜鲜明地深化和美乡村建设。

创新社会治理。充分发挥党建引领作用，坚持党政主导、乡村主体、群众参与、社会共抓，持续开展“讲文明、革陋习、树新风”等活动，教育引导农民群众养成健康良好的生产生活习惯，完善构建和谐乡村社会，促进农村基层治理体系和治理能力现代化。例如，孝昌县王店镇新岗村创设“10分钟服务承诺”制度，凡村民有需求，村干部10分钟内到现场，有求必应、有求速应。再如，孝南区陡岗镇袁湖村持续锻造过硬党支部，不断创新发展“二三四”服务管理模式，着力构建“理事会+协会”治理模式。

彰显乡村特色。坚持因地制宜、因村施策，尊重自然地理格局，彰显乡村特色优势。如烟店镇以田园风光为画布，以李白文化着色彩，对镇村面貌进行提升改造，用诗仙李白的足迹串联碧山、尖山、袁畈等多个村落。突出示范引领，打造一批特色鲜明、环境优美、功能完善的示范乡村，先后推进181个美丽乡村示范村建设。如孝昌县小河镇着力做好明清古街保护开发，推进“一线串八景”建设，探索农旅融合发展，不断“擦亮小城镇”。

打造宜居环境。坚持生态优先、“里子”起步，持续实施农村人居环境整治，深入开展农村生活垃圾、污水处理、农村改厕、村庄清洁行动，大力解决农村面源污染、小微黑臭水问题，完成365个行政村环境综合整治，改建农村户厕约40万户，全力打造生态宜居美丽乡村。例如，应城市在2021—2022年建设13个和美乡村示范村，对64个村开展人居环境整治，引导广大干部群众常态化开展“五清一改”，并首创以“两步两表法”为重点的农村改厕质量技术控制模式，全面推动农村厕所改建规范化、标准化，一次性通过率达99%，位列湖北省6个农村改厕先进县市行列。

四、推进建设宜居宜业和美乡村的路径选择

推进宜居宜业和美乡村建设是社会主义新农村建设以及美丽乡村的拓展提升，是统筹城乡发展的重要抓手，是全面推进乡村振兴的内在要求。推进宜居宜业和美乡村建设主要有以下路径：

（一）坚持系统推进，将建设宜居宜业和美乡村建设融入全面推进乡村振兴的实践

加强规划制度体系建设，因地施策，实施和美乡村建设。遵循“规划先行、分步实施、因地制宜、分类指导、整合资源、聚焦政策、以民为本、体现特色”的思路，编制市、县、乡（镇）、村等不同层级的规划，构建成熟的规划体系，指导和美乡村建设。

避免走同质化和标准化的道路。应因地制宜地根据各地区所处的不同阶段分类指导、分别规划，探索出各具特色的宜居宜业和美乡村新模式。

政府财政投入与社会资本相结合。加大财政资金投入，引导工商资本进入农村，推进农民宅基地流转，壮大农村合作社，发展乡村集体经济。

发展农业新兴业态。结合地域特点，积极推进镇村特色产业，建设各具特色的特色乡镇，使特色乡镇成为农村新的经济增长点。

（二）坚持把巩固拓展脱贫攻坚成果作为底线任务，为建设宜居宜业和美乡村提供前提

始终把牢牢守住不发生规模性返贫底线摆在首要位置。强化防止返贫监测和帮扶机制落实，把风险消除在萌芽状态；要更多依靠发展来巩固拓展脱贫攻坚成果，把增加脱贫群众收入作为根本措施，把促进脱贫县加快发展作为主攻方向，统筹整合各类资源补短板、促发展，确保兜底保障水平稳步提高，确保“三保障”和饮水安全水平持续巩固提升，不断缩小收入差距、发展差距。健全农村低收入人口和欠发达地区常态化长效化帮扶机制，完善农村社会保障制度，织牢兜底保障网，加大对乡村振兴重点帮扶县等欠发达地区支持力度。

（三）坚持以统筹推进“三个乡村”为主要内容，扎实有力推进宜居宜业和美乡村建设

2022年中央一号文件提出“扎实有序做好乡村发展、乡村建设、乡村治理重点工作”，为此，应从以下三个方面着手：

一是着力扎实稳妥实施乡村建设行动，实现乡村宜居。以满足农民群众美好生活需要为引领，重点加强普惠性、基础性、兜底性民生建设；继续把公共基础设施建设的重点放在农村，统筹推进城乡基础设施规划建设，扎实推进农村道路、供水保障、清洁能源、农房质量安全提升、农产品仓储保鲜和冷链物流、防汛抗旱、数字乡村等设施建设，优先安排既方便生活又促进生产的建设项目。要坚持不懈改善农村人居环境，因地制宜推进农村改厕、生活垃圾处理和生活污水治理，深入推进村庄绿化美化亮化；加快填平补齐农村教育、医疗卫生、社会保障、养老托育等基本公共服务短板，不断提高服务能力和服务水平；加大县、乡、村三级公共服务资源投入和统筹配置力度，推动形成县、乡、村三级功能衔接互补、分级解决不同问题的一体化发展格局。

二是着力构建现代乡村产业体系，实现乡村宜业。始终绷紧粮食安全这根弦，大力推进农业强国建设，全面落实好藏粮于地、藏粮于技战略，不断提高粮食和重要农产品供给保障水平；依托农业农村资源，发展乡村二三产业，延长产业链、提升价值链，促进一二三产业融合发展；立足整个县域统筹规划产业发展，充分发挥各类产业园区带动作用，科学布局生产、加工、销售、消费等环节，把产业增值环节更多留在农村、增值收益更多留给农民；完善联农带农机制，引导工商资本与农户形成产业链上优势互补、分工合作的格局，带动农民致富增收。

三是着力加强和改进乡村治理，加强农村精神文明建设，实现乡村和美。发挥农村基层党组织在乡村治理中的领导作用。坚定不移地加强农村基层党组织建设，全面提升农村基层党组织的组织力、凝聚力、战斗力；坚持和加强基层党组织对各类乡村组织的领导，健全党组织领导的乡村治理体系，派强用好驻村第一书记和工作队，把群众紧密团结在党的周围；健全县、乡、村三级治理体系功能，发挥县级在乡村治理中的领导指挥和统筹协调作用，强化县级党委抓乡促村职责，提高为农服务能力；更好发挥村级组织基础作用，增强村级组织联系群众、服务群众能力；创新乡村治理方式方法，推广应用积分制、清单制、数字化等治理方式，推行乡村网格化管理、数字化赋能、精细化服务；大力弘扬和践行社会主义核心价值观，加强农民思想教育和引导，有效发挥村规民约、家教家风作用，培育文明乡风、良好家风、淳朴民风；加强农村公共文化阵地建设，深入推动农村移风易俗，引导农民群众改变陈规陋习、树立文明新风。

（四）坚持加快县域城乡融合发展，为建设宜居宜业和美乡村提供根本路径

推动形成县、乡、村三级统筹发展的格局。赋予县级更多资源整合使用的自主权，加大县、乡、村三级统筹发展力度，强化产业、基础设施、公共服务等县域内统筹布局，持续推进县域内城乡要素配置合理化、城乡

公共服务均等化、城乡产业发展融合化。

加快建立健全城乡融合发展体制机制和政策体系。加强统筹谋划和顶层设计，推动在县域内基本实现城乡一体的就业、教育、医疗、养老、住房等政策体系，逐步在县域内打破城乡的界限，淡化市民农民概念，推动形成农民在工农之间自主选择、自由转换，在城乡之间双向流动、进退有据的生产生活形态，把县域打造成连接工农、融合城乡的重要纽带。

（五）坚持健全推进机制，走“政府主导、农民主体和社会力量广泛参与”的和美乡村建设之路

建设宜居宜业和美乡村是一项长期任务、系统工程，必须稳扎稳打、久久为功，一年接着一年干、一件接着一件抓，不可一蹴而就、急于求成。坚持数量服从质量、进度服从实效，求好不求快，真正把好事办好、实事办实，让农民群众在全面推进乡村振兴中有更多获得感、幸福感、安全感。

建立健全自下而上、村民自治、农民参与的实施机制。充分发挥农民主体作用、更好发挥政府作用，政府要切实提供好基本公共服务，做好规划引导、政策支持、公共设施建设等，农民应该干的事、能干的事就交给农民去干，健全农民参与规划建设和运行管护的机制；健全党组织领导的村民自治机制，充分发挥村民委员会、村务监督委员会、农村集体经济组织作用；建立“高校+社会”培育方式，培育新型职业农民；通过社会培训机构对现有农民进行培训，着力解决返乡农民的后顾之忧，更好地激发农民投身和美乡村建设。

加强农村基层党组织建设，打造和美乡村建设动力引擎。采取多种方式，提升农村基层党组织的经济引领能力、生态文明建设能力、文化引领能力、社会治理能力，以及群众凝聚能力。

切实加强和改进工作作风。从实际出发，求真务实、尊重规律，紧密结合实际谋划和推进，坚决防止和反对各种形式主义、官僚主义，坚定维

护农民物质利益和民主权利，以优良作风全面推进乡村振兴，持续推进建设宜居宜业和美乡村。

延伸阅读

农业文化遗产是一种活态的、至今仍在生产领域发挥作用的生产系统，是我国农业的宝贵财富和中华优秀传统文化的重要组成部分。把保护农业文化遗产与促进乡村振兴和建设和美乡村结合起来，让悠久的农耕文明在新时代展现出应有的魅力和风采，将为建设中国特色农业强国注入强大力量。2012年以来，农业农村部共认定7批188项中国重要农业文化遗产。截至2023年10月，我国共拥有22项全球重要农业文化遗产，数量居世界首位。“十三五”期间，有关部门支持各地设立各级非物质文化遗产扶贫就业工坊超过2000家，带动数十万人就业增收。

10 浙江“千万工程”的核心经验是什么?

浙江“千万工程”，是贯彻习近平总书记关于“三农”工作的重要论述的生动实践载体，充分彰显了习近平总书记以非凡魄力开辟新路的远见卓识和战略眼光，充分显示出习近平新时代中国特色社会主义思想在波澜壮阔社会实践中的巨大指导作用。我们要充分认识“千万工程”对全面推进乡村振兴、推动城乡融合发展的重大意义，对坚持以人民为中心的发展思想，促进全体人民共同富裕的重大意义，对以中国式现代化全面推进中华民族伟大复兴的重大意义。特别是在当前全党开展的主题教育中，认真学习研究案例内容，自觉把案例所蕴含的立场、观点、方法转化为推进中国式现代化建设的思路办法和实际成效，推动学习贯彻习近平新时代中国特色社会主义思想走深走实，完成艰巨繁重的改革发展稳定任务，具有特殊重要意义。

“千万工程”是“千村示范、万村整治”工程的简称，是习近平同志在浙江工作时亲自谋划、亲自部署、亲自推动的一项重大决策。20年来，浙江持之以恒、锲而不舍推进“千万工程”，造就万千美丽乡村，造福万千农民群众，深刻改变了浙江农村的面貌，创造了农业农村现代化的成功经验和实践范例。2023年6月，中央财办、中央农办、农业农村部、国家发展改革委印发了《关于有力有序有效推广浙江“千万工程”经验的指导意见》的通知，要求各地学深悟透“千万工程”经验蕴含的科学方法，并结合实际创造性转化到“三农”工作实践之中，推动农业农村现代化取得实实在在成效。踏上新征程，在全国范围内运用推广“千万工程”的好经验好做法，将助力加快城乡融合发展、推动美丽中国建设、全面推进乡村振兴，为实现中国式现代化奠定坚实基础。

一、认识“千万工程”经验案例的时代特征

“千万工程”已经历时20年，成功的实践形成了经验案例。与一般性的典型案例不同，这一经验案例蕴含着多方面的时代特征。

（一）“千万工程”经验案例有强烈的历史感染力

2003年6月，时任浙江省委书记的习近平同志在广泛深入调查研究的基础上，立足浙江省情农情和发展阶段特征，准确把握经济社会发展规律和必然趋势，审时度势，高瞻远瞩，作出了实施“千万工程”的战略决策，提出从全省近4万个村庄中选择1万个左右的行政村进行全面整治，把其中1000个左右的中心村建成全面小康示范村。在浙江工作期间，习近平同志亲自制定了“千万工程”具体实施方案，建立工作机制，出席2003年

“千万工程”启动会和连续3年的“千万工程”现场会并发表重要讲话，为实施“千万工程”指明了方向。2005年，习近平同志在安吉县余村调研时提出“绿水青山就是金山银山”的发展理念，把生态建设与“千万工程”更紧密结合起来，美丽乡村建设成为“千万工程”重要目标。习近平同志担任总书记以来多次作出重要指示批示，为推进“千万工程”提供了根本遵循。浙江历届省委、省政府按照习近平总书记的战略擘画和重要指示要求，与时俱进持续深化“千万工程”。20年来，整治范围从最初的1万个左右行政村推广到全省所有行政村，内涵从“千村示范、万村整治”引领起步，到“千村精品、万村美丽”深化提升，再到“千村未来、万村共富”迭代升级，强化数字赋能，逐步形成“千村向未来、万村奔共富、城乡促融合、全域创和美”的生动局面。“千万工程”造就了万千美丽乡村，造福了万千农民群众，促进了美丽生态、美丽经济、美好生活有机融合，被当地农民群众誉为“继实行家庭联产承包责任制后，党和政府为农民办的最受欢迎、最为受益的一件实事”，被专家学者誉为“在浙江经济变革、社会转型的关键时刻，让列车换道变轨的那个扳手，转动了乡村振兴的车轮”①。

（二）“千万工程”成效显著

“千万工程”实施20年来，成效显著，事实和数据令人信服。一是农村人居环境深刻重塑。规划保留村生活污水治理覆盖率达100%，农村生活垃圾基本实现“零增长”“零填埋”，农村卫生厕所全面覆盖，森林覆盖率超过61%，农村人居环境质量居全国前列，浙江成为首个通过国家生态省验收的省份。二是城乡融合发展深入推进。城乡基础设施加快同规同网，最低生活保障实现市域城乡同标，基本公共服务均等化水平全国领

① 专题调研组：《总结推广浙江“千万工程”经验　推动学习贯彻习近平新时代中国特色社会主义思想走深走实》，《求是》2023年第11期。

先，农村“30分钟公共服务圈”“20分钟医疗卫生服务圈”基本形成，城乡居民收入比从2003年的2.43缩小到2022年的1.90。三是乡村产业蓬勃发展。休闲农业、农村电商、文化创意等新业态不断涌现，带动农民收入持续较快增长，全省农村居民人均可支配收入由2003年的5431元提高到2022年的37565元［已连续38年居全国省（区、市）第一］，村级集体经济年经营性收入50万元以上的行政村占比达51.2%。四是乡村治理效能有效提升。以农村基层党组织为核心、村民自治为基础、各类村级组织互动合作的乡村治理机制逐步健全，乡村治理体系和治理能力现代化水平显著提高，农村持续稳定安宁。五是农民精神风貌持续改善。推动“物的新农村”向“人的新农村”迈进，全域构建新时代文明实践中心、新时代文明实践所、农村文化礼堂三级阵地，建成一批家风家训馆、村史馆、农民书屋等，农村陈规陋习得到有效遏制，文明乡风、良好家风、淳朴民风不断形成。六是在国内外产生广泛影响。各地区认真贯彻习近平总书记系列重要指示批示精神，结合实际学习借鉴浙江经验，农村人居环境整治提升和乡村建设取得扎实成效。“千万工程”不仅对全国起到了示范效应，在国际上也得到认可，2018年9月荣获联合国“地球卫士奖”，为营造和谐宜居的人类家园贡献了中国方案。

（三）“千万工程”有鲜明的多维特点

从政治维度看，“千万工程”饱含了人民领袖真挚为民的情怀，开启了推进乡村全面振兴的先行探索，展现了习近平生态文明思想在乡村的生动实践，形成了促进农民农村共同富裕的重要抓手，成为彰显我国制度优越性的有力佐证，让我们在生动的实践中更加深刻领悟到“两个确立”的决定性意义和历史必然性。(1) 从发展维度看，“千万工程”是中国式现代化道路在浙江省域、“三农”领域的成功实践和典型样板，经过20年的努力，其实践成就充分展现出这一经验案例具有强大的时代生命力、实践引领力和深远影响力。浙江的城乡发展成就表明，“千万工程”改变的不仅是乡村的人居环境，而且还触及乡村发展的方方面面，深刻地改变了乡村的发展理念、产业结构、公共服务、治理方式以及城乡关系。“千万工程”不仅是乡村人居环境整治与改善的乡村建设工程，而且也是惠民工程、民心工程和共富工程，是乡村振兴发展和城乡融合发展的基础性、枢纽性工程。（2）从理论维度看，“千万工程”对于我们回答“为什么建设乡村、建设什么样的乡村、怎样建设乡村”这一时代之问具有重要启示。20年不断持续发力，“千万工程”在深刻改变了浙江农村面貌的同时，丰富发展了实施乡村振兴战略、推进农村人居环境整治、走好人与自然和谐共生的中国式现代化之路的相关理论内涵，也为党的创新理论提供了实践样本和“源头活水”。（3）从国际维度看，“千万工程”在世界上最大的发展中国家实施，在改善农村生态环境的同时促进了经济繁荣，对渴望实现环境保护与经济发展双赢的广大发展中国家具有借鉴意义。2018年，时任联合国副秘书长兼环境署执行主任索尔海姆参观走访浙江的村镇后，对绿色发展成果高度赞赏：“我在浙江浦江和安吉看到的，就是未来中国的模样，甚至是未来世界的模样。”①“千万工程”是中国特色社会主义生态文明建设的典型代表，其取得的重大成效进一步提升了中国生态治理的能力和水平，提高了中国在全球生态治理体系中的影响力，从而对推动全球生态治理体系变革、共同构建地球生命共同体产生积极作用。此外，“千万工程”城乡融合、统筹发展的成功实践，为破解城乡二元结构这一世界难题提供了中国方案。

（四）“千万工程”经验向全国推广有重大意义

（1）这是贯彻新发展理念的重大举措。“千万工程”的成功实践表明，要走生产发展、生活富裕、生态良好的文明发展道路，就必须推动“三

---

① 《一张蓝图绘到底——习近平总书记擘画浙江“千万工程”带来乡村巨变》，《人民日报》2023年6月25日第1版。

农”领域完整准确全面贯彻新发展理念，加快构建新发展格局，推动高质量发展，正确处理速度和质量、发展和环保、发展和安全等重大关系，完善政策体系和制度机制。（2）这是加快城乡融合发展的有效途径。“千万工程”坚持统筹城乡发展，有效促进城市基础设施向农村延伸、城市公共服务向农村覆盖、城市现代文明向农村辐射，推动城乡一体化发展，推动农村基本具备现代生活条件，加快形成工农互促、城乡互补、协调发展、共同繁荣的新型工农城乡关系。（3）这是建设美丽中国的有力行动。“千万工程”持续改善农村人居环境，促进生态农业、低碳乡村发展，成为践行习近平生态文明思想的样板和典范。推广这一经验，有利于各地持续改善农村人居环境，促进生态农业、低碳乡村发展，推动建设美丽乡村，为建设美丽中国奠定坚实基础。（4）这是扎实推进乡村振兴的必然要求。推广“千万工程”经验，有利于探索扎实推进乡村振兴的实现路径和阶段性任务，优化人力、物力、财力配置，循序渐进建设宜居宜业和美乡村，不断实现农民群众对美好生活的向往，走出了一条迈向农业高质高效、乡村宜居宜业、农民富裕富足的新路子。

二、“千万工程”积累的基本经验

习近平总书记在浙江工作期间对“千万工程”既绘蓝图、明方向，又指路径、教方法，到中央工作后继续给予重要指导。20年来，浙江按照习近平总书记重要指示要求，深入谋划推进、加强实践探索，推动“千万工程”持续向纵深迈进，形成了一系列行之有效、可供各地结合实际借鉴的做法和经验，集中体现在以下六个方面。

（一）始终坚持贯彻新发展理念，这是“千万工程”最明亮的底色

“千万工程”把“绿水青山就是金山银山”的理念贯穿全过程各阶段，把村庄整治与绿色生态家园建设紧密结合，同步推进环境整治和生态建设，走生态立村、生态致富的路子。以整治环境“脏乱差”为先手棋，全

面推进农村环境“三大革命”，全力推进农业面源污染治理，坚持生态账与发展账一起算，大力创建生态品牌、挖掘人文景观，培育“美丽乡村+”农业、文化、旅游等新业态，推动田园变公园、村庄变景区、农房变客房、村民变股东，持续打通“绿水青山就是金山银山”的理念转化通道，把“生态优势”变成“民生福利”。

（二）始终坚持科学规划引领，这是“千万工程”最突出的主线

“千万工程”立足不同地形地貌，区分发达地区和欠发达地区、城郊村庄和纯农业村庄，因地制宜，结合地方发展水平、财政承受能力、农民接受程度开展工作。遵循乡村自身发展规律、体现农村特点、注意乡土味道、保留乡村风貌，构建以县域美丽乡村建设规划为龙头，村庄布局规划、中心村建设规划、农村土地综合整治规划、历史文化村落保护利用规划为基础的“1+4”县域美丽乡村建设规划体系，强化规划刚性约束和执行力，坚持一张蓝图绘到底。

（三）始终坚持循序渐进，这是“千万工程”最根本的方法

浙江20年来坚持“千万工程”目标不动摇，保持工作连续性和政策稳定性，根据不同发展阶段确定整治重点，与时俱进、创新举措，制定针对性解决方案，每五年出台一个行动计划，每个重要阶段出台一个实施意见，从花钱少、见效快的农村垃圾集中处理、村庄环境清洁卫生入手，到改水改厕、村道硬化、绿化亮化，再到产业培育、公共服务完善、数字化改革，先易后难、层层递进，以钉钉子精神推动各项建设任务顺利完成。

（四）始终坚持党政主导多方协同，这是“千万工程”最核心的动力

坚持把加强领导作为搞好“千万工程”的关键，建立党政一把手亲自抓、分管领导直接抓、一级抓一级、层层抓落实的工作推进机制，每年召开

“千万工程”高规格现场会，省、市、县三级党政一把手参加，营造比学赶超、争先创优浓厚氛围。坚持政府投入引导、农村集体和农民投入相结合、社会力量积极支持的机制，真金白银投入。将农村人居环境整治纳入为群众办实事内容，纳入党政干部绩效考核，强化奖惩激励。突出党政主导、各方协同、分级负责，配优配强村党组织书记、村委会主任，推行干部常态化驻村联户、结对帮扶，实行“网格化管理、组团式服务”。

（五）始终坚持群众主体地位，这是“千万工程”最鲜明的要求

“千万工程”始终尊重农民主体地位，从农民群众角度思考问题，尊重民意、维护民利、强化民管。始终把增进人民福祉、促进人的全面发展作为出发点和落脚点，在进行决策、推进改革时，坚持“村里的事情大家商量着办”。始终注重激发农民群众的主人翁意识，广泛动员农民群众参与村级公共事务，推动实现从“要我建设美丽乡村”到“我要建设美丽乡村”的转变。

（六）始终坚持以塑形铸魂为目标，这是“千万工程”最核心的取向

“千万工程”注重推动农村物质文明和精神文明相协调、硬件与软件相结合，大力弘扬社会主义核心价值观，加强法治教育，完善村规民约，持续推动移风易俗，从机制、硬件和软件建设上推动变“文化下乡”为“扎根在乡”。结合农村特性传承耕读文化、民间技艺，加强农业文化遗产保护、历史文化村落保护。在未来乡村建设中专门部署智慧文化、智慧教育工作，着力打造乡村网络文化活力高地。

三、“千万工程”蕴含的重要启示

“千万工程”蕴含丰富的启示，领悟这些启示，有助于各地结合本地实际，因地制宜学习借鉴“千万工程”的经验。

（一）必须坚持人民至上立场，不断增进民生福祉

“千万工程”实施20年来，始终把实现人民对美好生活的向往作为出发点和落脚点，想问题办事情坚持群众视角，从农民最关心的事情做起，把一件件民生小事作为一个个着力点，为广大农民带来获得感、幸福感。学习“千万工程”经验，最重要的是要更加自觉站稳人民立场，强化宗旨意识，想农民之所想，急农民之所急，在共建共享中提高农民群众积极性和创造性。当前就是要紧盯农业农村发展最迫切、农民反映最强烈的实际问题，千方百计拓宽农民增收致富渠道，巩固拓展好脱贫攻坚成果，让农民腰包越来越鼓、日子越过越红火，推动农民农村共同富裕取得更为明显的实质性进展。

（二）必须坚持以新发展理念统领乡村振兴

“千万工程”的实践及成效证明，只有完整、准确、全面贯彻新发展理念，推进乡村振兴才能厘清思路、把握方向、找准着力点。新征程上贯彻落实党的二十大“全面推进乡村振兴”的决策部署，就是要以新发展理念为统领，立足加快构建新发展格局，正确处理速度和质量、发展和环保、发展和安全等重大关系，加强机制创新、要素集成，抓好乡村产业、人才、文化、生态、组织“五个振兴”，实现乡村发展、乡村建设、乡村治理良性互动，实现既保护绿水青山，又带来金山银山。

（三）必须坚持以系统观念推动城乡融合发展

“千万工程”使城乡关系发生深刻变革的成功实践证明，农村和城市是发展中的一个有机整体，只有把城市与乡村发展一并系统考虑、统筹协调，特别是要以县域为重要切入点，着力破除妨碍城乡要素平等交换、双向流动的制度壁垒，促进发展要素、各类服务更多下乡，加快形成工农互促、城乡互补、协调发展、共同繁荣的新型工农城乡关系，才能更充分发

挥城市对农村的带动作用和农村对城市的促进作用，在城乡融合发展中实现乡村全面振兴。

（四）必须坚持党建引领乡村治理能力持续提升

“千万工程”成功的背后，是乡村治理体系和治理能力现代化的不断提升。其中最重要的启示有三个方面：一是要把调查研究作为做决策的前提。当前要持续加强和改进调查研究，围绕学习贯彻党的二十大精神，聚焦推进乡村振兴、实现共同富裕、增进民生福祉等改革发展稳定中的重点难点问题，深入基层、掌握实情、把脉问诊，紧密结合自身实际，谋划实施有针对性的政策举措，不断破解矛盾瓶颈、推动高质量发展。二是必须抓党建促乡村振兴，充分发挥农村基层党组织战斗堡垒作用，充分发挥村党组织书记、村委会主任的带头作用，引导基层党员干部干在先、走在前，团结带领农民群众听党话、感党恩、跟党走。只有坚持以党建引领基层治理，善于发动群众、依靠群众，才能把党的政治优势、组织优势、密切联系群众的优势，不断转化为全面推进乡村振兴的工作优势。三是必须锚定目标真抓实干，一张蓝图绘到底。保持战略定力，改进工作作风，力戒形式主义、官僚主义，一件事情接着一件事情办，一年接着一年干。

四、“千万工程”蕴含的理论价值

“千万工程”是习近平新时代中国特色社会主义思想在“三农”领域、浙江省域的成功实践和典型样板。习近平新时代中国特色社会主义思想指引了“千万工程”的发生发展，同时，“千万工程”也以20年来的长期实践验证了习近平新时代中国特色社会主义思想的前瞻性、真理性[①]。认识理解“千万工程”蕴含的丰富理论价值，有助于学习运用推广“千万工程”的经验。

---

① 仲农平：《又一次“农村包围城市”的伟大壮举》，《农民日报》2023年8月30日第1版。

（一）“千万工程”展现了中国式现代化乡村振兴的价值导向

人民性是马克思主义最鲜明的品格。全面建成社会主义现代化强国，人民是决定性力量。“千万工程”的成果之所以能够经得起历史的检验，至今依然发挥着重要示范引领作用，关键在于始终坚持尊重广大农民意愿，激发广大农民积极性、主动性、创造性，激活乡村振兴内生动力，让广大农民在乡村振兴中有更多获得感、幸福感、安全感。“千万工程”以把农民群众从“要我建设美丽乡村”变为“我要建设美丽乡村”为目标，建立机制创新路径，充分发挥农民群众的主体作用和首创精神，回答好发展为了谁、发展依靠谁、发展成果由谁共享等根本问题，夯实了美丽乡村建设、乡村振兴的群众基础和社会基础。“千万工程”迭代升级，“为了人民”始终是价值取向，“依靠人民”始终是行动路径。“千万工程”实践还证明，乡村是具有自然、社会、经济特征的地域综合体，与城镇共同构成人类活动的主要空间，在满足城乡居民多元化需求、促进经济增长方面发挥着各自不可替代的重要功能。城乡不是彼此对立，而是相辅相成的。“千万工程”基于城市繁荣、农村落后的现实，充分认识到城乡之间的共生关系，以及乡村在现代化进程中的地位和价值，对乡村进行了系统性、全面性塑造，系统回答了为什么建设乡村、怎样建设乡村等问题，从而推动了浙江乡村巨变。全面推进乡村振兴，必须深刻认识新时代新征程乡村的价值和地位，摒弃乡村是负担、乡村是城市附庸等错误认识，在城镇化和乡村振兴互促互生中全面拓展乡村生产、生活、生态、文化等多重功能，焕发乡村发展新活力。

（二）“千万工程”展现了中国式现代化乡村振兴的理念基础

理念是行动的先导，一定的发展实践都是由一定的发展理念指导的。2005年，时任浙江省委书记的习近平同志到安吉县余村调研时，对余村在实施“千万工程”过程中关停严重污染环境、危害农民身心健康的石矿场与水泥厂，发展绿色经济的做法给予高度赞扬，并有感而发提出了“绿水青山就是金山银山”的理念，由此成为指导“千万工程”向美丽乡村建设深化，进而推动生态省和绿色浙江建设的绿色发展新理念。“绿水青山就是金山银山”这一富有哲理又通俗易懂的理念也成为指导中国生态文明建设和绿色发展的核心理念。“千万工程”将可持续发展、绿色发展理念贯穿于各阶段各环节全过程，妥善处理了“金山银山”与“绿水青山”之间的辩证统一关系，使环境保护与经济发展同步，给农民带来了美丽生态、美丽经济和美好生活，进而产生了变革性的力量。浙江深刻践行“两山”理念，源源不断地将生态财富转化为物质财富和精神财富，生态农业、农村电商、生态康养、休闲旅游等新兴业态蓬勃发展，成为实现“绿水青山”向“金山银山”转化的有效途径。“千万工程”实践证明，从“千村示范、万村整治”到“千村精品、万村美丽”，再到“千村未来、万村共富”，新发展理念引领着“千万工程”的内涵之变和实践探索，为新征程上坚持以创新、协调、绿色、开放、共享的新发展理念统领乡村振兴工作全局提供了理念基础。

（三）“千万工程”展现了中国式现代化乡村振兴的发展道路

“千万工程”充分体现了中国式现代化的中国特色和本质要求。第一，“千万工程”从解决群众反映最强烈的环境脏乱差做起，统筹抓好乡村环境整治与乡风文明培育、产业发展与生态保护、人才振兴与乡村治理等工作；从创建示范村、建设整治村，以点带线、连线成片，再到全域规划、全域建设、全域提升、全域管理，实现美丽乡村建设水平的整体提升，走出一条产业、人才、文化、生态、组织全面振兴的发展道路。第二，“千万工程”始终坚持农村物质文明和精神文明两手抓，硬件与软件相结合，把改造传统农村与提升农民精神风貌、树立乡村文明新风有机结合起来，将文明村、文化村、民主法治村等建设和美丽乡村建设紧密结合起来，不断提高农民的民主法治意识、科学文化素质和思想道德素质，实现了农村农民由点到面、由表及里的全面发展、全面提升，走出了一条物质文明与精神文明协调的发展道路。第三，“千万工程”和美丽乡村建设持续推进，为广大农民找到了“绿水青山”转化为“金山银山”的增收之道。经营美丽乡村、发展美丽经济、共享幸福生活、增强村民利益共同体意识，依靠共同奋斗建设美丽富饶的共富乡村，走出了美丽乡村与美丽经济互促互进的发展道路。第四，“千万工程”始终贯彻以工促农、以城带乡的思想，做到城市基础设施向农村延伸、城市公共服务向农村覆盖、城市现代文明向农村辐射，走出了一条统筹城乡发展、缩小城乡差别、推动城乡一体化发展的城乡融合发展道路。第五，“千万工程”实施20年，从农村人居环境大整治到美丽乡村大建设，再到乡村振兴大提升，形成了产业兴旺的特色乡村、生态宜居的花园乡村、文化为魂的人文乡村、四治合一的善治乡村、共建共享的共富乡村“五村联建”的联动发展格局，走出一条农业农村现代化一体设计、一并推进，农民共同富裕的发展道路。

（四）“千万工程”展现了中国式现代化乡村振兴的推进路径

一是久久为功。“千万工程”经历了示范引领、深化提升、迭代升级三个大的阶段，每个阶段范围不断拓展、内涵不断丰富，但始终紧盯目标，一以贯之、前后衔接、梯次推进，确保沿着既定轨道持续推进。二是因地制宜。“千万工程”从一开始就对“示范村”和“整治村”分别提出了任务要求。随着工作不断深化，又针对发达和欠发达地区、城郊村庄和传统农区、丘陵山区和海岛渔村等进一步分类细化了整治建设目标和重点。现在浙江以“一统三化九场景”为未来乡村建设提出了具体要求，每个场景还有细化的指标体系和可操作性的导则手册，形成了因地制宜、差异化推进的办法。三是合力推进。“千万工程”始终坚持强化政府引导作用，调动农民主体和经营主体的积极性，很好地处理了政府、市场和农民的关系，形成了“政府主导、农民主体、部门配合、社会资助、企业参与、市场运作”的良性互动机制，为全面推进乡村振兴加强政府投入和政策引导，深化市场化改革，推动有效市场和有为政府更好结合，为实现政企联动、干群互动，政府、市场、农民等多方力量协同提供了实践范例。四是健全层层抓落实的工作机制。20年来，“千万工程”始终是一把手工程，党政一把手亲自抓、分管领导直接抓，一级抓一级、层层抓落实，这为抓好“千万工程”提供了根本政治保证。年初把工作任务分解落实到各级各部门，工作开展过程中开展常态化明察暗访，年末总结考核、兑现奖惩。省内每年召开“千万工程”最高规格现场会，每五年出台一个行动计划及相关政策意见，推动“千万工程”持续深化、层层递进。责任落实、督查考核、激励动员等方面的工作机制不断健全完善，从制度上把各方面的责任真正落实到位。

五、把握“千万工程”蕴含的世界观和方法论

“千万工程”是习近平新时代中国特色社会主义思想在之江大地的生动实践，背后蕴含着重要的世界观和方法论。党的二十大擘画了以中国式现代化全面推进中华民族伟大复兴的宏伟蓝图。全面建设社会主义现代化国家，最艰巨最繁重的任务仍然在农村。深刻把握“千万工程”所蕴含的世界观、方法论，对于更好地推动宜居宜业和美乡村建设，夯实农业农村现代化的基础，扎实推进中国式现代化的乡村振兴道路具有重要的理论和现实意义。

（一）必须坚持人民至上

人民性是马克思主义本质属性，人民至上是马克思主义的政治立场。“千万工程”的生动实践充分证明：人民群众最关心什么，我们党就做什么；人民群众最需要什么，各级党员干部就致力于什么。“千万工程”是收集群众诉求、捕捉群众需求、解决群众痛点、满足群众意愿的典型代表。“千万工程”实施的初心就是为村民谋幸福，就是为了满足村民对美好生活的向往。从污水治理、垃圾处理到农房改造、绿化美化，从产业发展到就业创造、收入增加，处处彰显的是人民的生活在向好。

（二）必须坚持自信自立

事物总是不断发展变化的，发展是前进的、上升的运动，事物的发展是一个过程。“千万工程”实施以来，历届浙江省委始终坚信“千万工程”就是合乎浙江实际、合乎历史发展方向、具有强大生命力的新事物。20年间，“千万工程”从最基本的农村人居环境整治开始，实现了从“千村示范、万村整治”到“千村精品、万村美丽”再到“千村未来、万村共富”的发展飞跃。在怎样建设美丽乡村的问题上，浙江始终以发展的眼光看待问题，把握时代的脉搏，将一个个成果丰硕的终点变成争取更大胜利的起点，全力打造“千万工程”的升级版①，“千万工程”的发展是一任接着一任干、一年接着一年干、一件事接着一件事办所成就的伟大工程，生动践行了如何坚持自信自立。

（三）必须坚持守正创新

“千万工程”本身就是改革的体现和结果，是对浙江农村发展方式、发展路径、发展动能的一次深层次、全方位、整体性的变革重塑，其中，如何处理稳和进、立和破、近和远等关系，蕴含着发展理念的变革。“千万工程”始终注重“保护促利用、利用强保护”，在坚守根本的同时开拓创新，始终在推进中用改革的办法解决其中难题，以深化改革促进农业农村现代化。20年间，浙江每五年出台一个行动计划，每个重要阶段出台一个实施意见，不断创新制度供给，促进了新型工业化、信息化、城镇化与农业农村现代化同步发展。

（四）必须坚持问题导向

“千万工程”始终坚持问题导向，坚持从实际出发。“千万工程”是

---

① 肖香龙、马寅杰：《“千万工程”体现的哲学智慧》，《光明日报》2023年6月27日第6版。

习近平同志到浙江工作后不久，用118天时间跑遍11个地市，一个村一个村地仔细调研，在充分掌握省情农情的基础上，聚焦污染问题、厕所问题、发展问题等人民群众最为关心的急难愁盼问题而作出的重大决策。浙江在每一个发展阶段，都聚焦不同重点。在2003—2010年“千村示范、万村整治”示范引领阶段，聚焦解决村庄环境综合整治问题，推动乡村更加整洁有序。在2011—2020年“千村精品、万村美丽”深化提升阶段，聚焦乡村居住条件、环境改善问题，推动乡村更加美丽宜居。在2021年至今“千村未来、万村共富”迭代升级阶段，聚焦加快发展、共同富裕问题，形成了“千村向未来、万村奔共富、城乡促融合、全域创和美”的生动局面。“千万工程”始终在发现问题的基础上，科学分析并深入研究问题，灵活运用科学思维方法努力化解矛盾、解决问题。

（五）必须坚持系统观念

系统观是马克思主义关于事物普遍联系的基本观点。“千万工程”的实施牵涉农村工作的方方面面。“千万工程”的实施出发点是改善农村人居环境，但绝不是“头痛医头、脚痛医脚”的机械思维，而是一个涉及经济发展、乡村治理、乡风文明、产业发展、环境美化的立体的系统思维。“千万工程”是浙江系统性破解“经济发展、环境恶劣”难题的突破口，通过“千万工程”，浙江积累了同时实现主导产业兴旺发达、主体风貌美丽宜居、主题文化繁荣兴盛的宝贵经验，也为乡村产业、人才、文化、生态、组织“五个振兴”协同推进提供了一条成熟的系统路径[①]。“千万工程”的实践证明，在全面推进乡村振兴中坚持系统观念，必须把握好全局和局部、当前和长远、宏观和微观、主要矛盾和次要矛盾、特殊和一般的关系，要牢牢掌握统筹推进的科学方法，坚持同步提升软硬件、设施机制同步抓、环境文明互促

---

① 肖香龙、马寅杰：《“千万工程”体现的哲学智慧》，《光明日报》2023年6月27日第6版。

进。要注重完善提升乡村基础设施和公共服务配套，推动乡风文明、乡村治理再提升，让农村群众享受到现代化建设新成果。

知识链接

“千万工程”实施20年来，浙江“美丽乡村+”农业、文化、教育、旅游、康养等乡村新业态创新发展，乡村非遗产品等地方特色产业蓬勃发展，村集体收入增长，就业岗位增多。截至2022年底，浙江全省90%以上村庄达到新时代美丽乡村标准，创建美丽乡村示范县70个、示范乡镇724个、风景线743条、特色精品村2170个、美丽庭院300多万户；累计建成20511家农村文化礼堂，实现500人以上行政村全覆盖；建成农家书屋25335个，实现全省行政村农家书屋全覆盖。如今，“千万工程”的经验也不再局限于浙江，而是从地方走向全国，深深改变着全国更多乡村的面貌。

11 如何理解加强党对乡村振兴的全面领导?

习近平总书记指出："全面推进乡村振兴、加快建设农业强国，关键在党。必须坚持党领导'三农'工作原则不动摇，健全领导体制和工作机制，为加快建设农业强国提供坚强保证。"《中国共产党农村工作条例》强调："坚持党对农村工作的全面领导，确保党在农村工作中总揽全局、协调各方，保证农村改革发展沿着正确的方向前进。"可见，新征程上全面推进乡村振兴，必须把坚持党对乡村振兴的全面领导落到实处。如何理解坚持党对乡村振兴的全面领导？首先，要理解党领导乡村振兴的理论逻辑、历史逻辑和现实逻辑。其次，要理解五级书记抓乡村振兴是落实坚持党对乡村振兴的全面领导的关键，理解五级书记抓乡村振兴的政策体系，五级书记抓乡村振兴实践路径的优化，以及健全五级书记抓乡村振兴的考核机制。再次，要理解农村基层党组织是党在农村全部工作和战斗力的基础，加强基层组织建设为全面推进乡村振兴提供了稳定的社会基础，提高党领导下的农村基层组织建设质量是全面推进乡村振兴的重要举措，进而理解提高农村基层组织建设质量的优化路径，提高农村基层组织建设质量的对策建议。

中国共产党始终高度重视农业、农村和农民问题，强调“三农”工作在党和国家全局工作中的基础性地位。在革命、建设、改革各个历史时期，中国共产党始终牢牢掌握对农村工作的领导权，形成了党管农村工作的历史经验和政治要求。新征程上全面推进乡村振兴，必须把坚持党对乡村振兴的全面领导落到实处。

一、理解坚持党对乡村振兴的全面领导的内在逻辑

（一）理论逻辑

第一，加强党对乡村振兴的全面领导是党的重要使命。中国共产党百年奋斗的历程，始终离不开农民群众的拥护支持，贯穿着党对“三农”工作的科学领导。从解决温饱问题、减轻农民负担、摆脱绝对贫困到谋求农民全面发展的过程，都体现了党维护农民权利和保障农民利益的价值追求[①]。新时代党的核心使命与责任在于全面建成小康社会和建成社会主义现代化强国，必须以乡村为切入点，解决中国发展不平衡、不充分的问题[②]。第二，坚持党对“三农”工作的领导是党的优良传统。以建党百年为时间线，归纳梳理各个历史时期党管农村工作的探索实践，不难发现，继承和发扬我们党重视农村工作的传统，健全党对农村工作的全面领导制度，为新时代“三农”发展提供根本保证[③]。第三，

① 张青、郭雅媛：《始终坚持“重中之重”战略思想——党领导“三农”工作的经验与启示》，《中国领导科学》2022年第4期。

② 梅立润、唐皇凤：《党建引领乡村振兴：证成和思路》，《理论月刊》2019年第7期。

③ 赖扬恩：《中国共产党对农村工作领导的探索实践与启示》，《奋斗》2021年第15期。

党的强大组织动员能力在推动乡村振兴发展中发挥整合性作用。党领导革命、建设和改革，可以实现“全党一条心，全国一盘棋，集中力量办大事”的组织优势，而强有力的组织保证，是党的农村政策得以有效贯彻落实，从而农村工作不断取得成功的关键[①]。第四，党引领乡村振兴有坚实的能力基础。从中国共产党领导乡村治理的演进脉络和运行轨迹看，党领导乡村治理有独特价值，包括在党政结合与多元主体参与中激发乡村社会活力，在顶层设计与基层探索的上下互动中调适乡村治理政策，在制度权威与伦理价值的相互融合中提升乡村治理的刚性与柔性，在技术治理与以人为本的匹配中实现乡村治理效率与价值的统一，等等[②]。

（二）历史逻辑

中国共产党带领广大农民群众经过百年探索和奋斗，从根本上改变了过去农业极端落后、农民普遍贫困的状况，使中国农村的面貌、中国农民的命运发生了翻天覆地的巨变。特别是党的十一届三中全会以后，党在农村所进行的一系列旨在解放和发展生产力的重大改革，拉开了国家各领域改革的序幕，推动农村经济和社会发展取得重大进展，形成了具有中国特色的农村经济发展思想，也为新时代党领导人民群众继续推进乡村振兴提供了历史实践基础[③]。中国共产党始终围绕广大农民的根本利益，领导“三农”工作在曲折中艰难探索，逐步走出一条实现农业农村现代化的乡村振兴道路。特别是党的十八大以来，党中央以脱贫攻坚战和乡村振兴战略为抓手，让农民富裕起来，确立优先发展总方针，推

① 邹一南：《中国共产党百年农村政策重大成就和历史经验》，《上海经济研究》2022年第2期。

② 孙德超、钟莉莉：《中国共产党领导百年乡村治理的演进脉络、逻辑理路与价值意蕴》，《学习与探索》2021年第9期。

③ 孙海燕：《改革开放以来中国共产党农村经济发展思想的演进历程及经验启示研究》，东北师范大学，2022年。

进农业农村现代化[①]。坚持党的领导，发挥党在农村工作中总揽全局、协调各方的作用，是百年农村政策取得成功的关键政治保障，包括提供方向指引、理论武装和组织保证[②]。总结中国共产党百年乡村政策的重要启示之一，就是坚持党管农村工作的经验和传统[③]。党领导“三农”工作的探索经验和巨大成就，显示了党领导我国农村经济社会发展的历史实践逻辑，也为新时代坚持党对乡村振兴全面领导、推进农业农村现代化发展奠定了实践基础。

（三）现实逻辑

2019年8月，党中央制定《中国共产党农村工作条例》，这是第一部关于农村工作的党内法规，充分体现了党中央对农村工作的高度重视。新时代，坚持党管农村工作，就要坚持党的农村基层组织领导地位不动摇，坚持和发挥农村基层党组织对农村各个组织和各项工作的领导核心作用，把农村基层党组织建设成为宣传党的主张、贯彻党的决定、领导基层治理、团结带领群众、推动农村改革发展的坚强战斗堡垒。坚持党管农村工作，确保党在农村工作中始终总揽全局、协调各方是实施乡村振兴战略的基本原则，也是中国共产党带领中国人民取得脱贫攻坚胜利、为世界减贫事业作出巨大贡献和提供中国样本的经验总结。党建是推进乡村振兴的坚强保障和有力支撑，乡村振兴是推进党建工作的重要抓手。实施乡村振兴战略是提高国家治理体系和治理能力现代化水平的重要举措。加强党对农村工作的领导离不开农村基层党组织，需要通过其贯彻落实党的方针政策，发挥其在推动乡村振兴中的政治保障、方向引领、经济振兴、人才支持、凝

① 张青、郭雅媛：《始终坚持“重中之重”战略思想——党领导“三农”工作的经验与启示》，《中国领导科学》2022年第4期。

② 邹一南：《中国共产党百年农村政策重大成就和历史经验》，《上海经济研究》2022年第2期。

③ 彭海红：《中国共产党百年乡村政策的历史演进及其启示》，《世界社会主义研究》2023年第3期。

聚共识、组织协调、监督评价等方面的作用[①]。加强党对“三农”工作的全面领导，是做好新发展阶段“三农”工作的根本政治保障。要切实把加强党对“三农”工作的全面领导落到实处，不断健全党领导农村工作的组织体系、制度体系、工作机制，汇聚全党上下、社会各方促振兴的强大合力。借鉴脱贫攻坚工作中行之有效的组织推动、要素保障、政策支持、协作帮扶、考核督导等机制和办法，健全中央统筹、省负总责、市县乡抓落实的农村工作领导体制，强化五级书记抓乡村振兴的工作机制，建立健全上下贯通、一抓到底的乡村振兴工作体系[②]。健全党对农村工作的全面领导有助于巩固党在农村的执政基础，进一步发挥党中央集中统一领导的政治优势，强化农业农村优先发展的政策导向，为全面推进乡村振兴，走中国特色社会主义乡村振兴道路提供根本保证[③]。

二、理解坚持党对乡村振兴全面领导的制度基础

中央统筹、省负总责、市县乡抓落实的农村工作领导机制的建立健全为坚持党对乡村振兴的全面领导奠定了制度基础。党的十八大以来，各级政府按照中央统筹、省负总责、市县抓落实的扶贫开发工作管理机制形成了合理分工、各司其职、有序推进的工作局面，为脱贫攻坚的全面胜利奠定了坚实的组织基础。

2018年中央一号文件提出在乡村振兴中要继续实行中央统筹、省负总责、市县抓落实的工作机制。2019年8月中共中央印发的《中国共产党农村工作条例》对党中央和省、市、县各级党委农村工作分工进行了详细阐述。2021年6月1日起施行的《中华人民共和国乡村振兴促进法》将建立健全中央统筹、省负总责、市县乡抓落实的乡村振兴工作机制纳入国家法律，要求

① 陈鹤松、王政武、唐玉萍等：《党建引领乡村振兴：逻辑关系、现实困境与路径改进》，《广西农学报》2022年第4期。

② 周应华、李冠佑、刘磊：《加强党对新发展阶段“三农”工作的全面领导》，《中国农业文摘—农业工程》2021年第4期。

③ 赖扬恩：《中国共产党对农村工作领导的探索实践与启示》，《奋斗》2021第15期。

各级人民政府应当将乡村振兴促进工作纳入国民经济和社会发展规划，并建立乡村振兴考核评价制度、工作年度报告制度和监督检查制度。

中央统筹就是党中央设立中央农村工作领导小组全面领导农村工作，定期分析农村经济社会形势，研究协调“三农”重大问题，督促落实党中央关于农村工作重要决策部署，统一制定农村工作大政方针，统一谋划农村发展重大战略，统一部署农村重大改革，发挥农村工作牵头抓总、统筹协调等作用。省负总责就是省（区、市）党委应当定期研究本地区农村工作，定期听取农村工作汇报，决策农村工作重大事项，召开农村工作会议，制定出台农村工作政策举措，抓好重点任务分工、重大项目实施、重要资源配置等工作。市县乡抓落实就是市（地、州、盟）党委应当把农村工作摆上重要议事日程，做好上下衔接、域内协调、督促检查工作，发挥好以市带县作用。县（市、区、旗）党委处于党的农村工作前沿阵地，应当结合本地区实际，制定具体管用的工作措施，建立健全职责清晰的责任体系，贯彻落实党中央以及上级党委关于农村工作的要求和决策部署。县委书记是乡村振兴一线总指挥，应当把主要精力放在农村工作上，深入基层调查研究，加强统筹谋划，狠抓工作落实，重点是执行好党中央以及上级党委的要求和决策部署，结合实际制定具体管用的举措。

三、理解五级书记抓乡村振兴的重大意义和实现途径

五级书记抓乡村振兴是落实坚持党对乡村振兴的全面领导的关键和保证。在脱贫攻坚时期，我国建立并完善了“五级书记一起抓扶贫”的领导责任体制，各级党委作为脱贫攻坚的第一责任主体，为赢得脱贫攻坚的胜利奠定了政治基础和组织基础[①]。习近平总书记强调，各地区各部门要充分认识实施乡村振兴战略的重大意义，要把实施乡村振兴战略摆在优先位

① 黄承伟、郑寰、李海金等：《大党治贫：脱贫攻坚中的党建力量》，广东人民出版社，2021，第54页。

置，坚持五级书记抓乡村振兴，让乡村振兴成为全党全社会的共同行动①。“五级书记抓乡村振兴是党中央的明确要求，也是加快建设农业强国的有效机制。市县两级更要把‘三农’工作作为重头戏，花大精力来抓，特别是县委书记要当好‘一线总指挥’，不重视‘三农’的书记不是好书记，抓不好农村工作的书记不是称职的书记。要完善考核督查机制，以责任落实推动工作落实、政策落实。”②

（一）五级书记抓乡村振兴是加快实现乡村全面振兴和农业农村现代化、建设农业强国的政治保障

首先，五级书记抓乡村振兴是党对初心和宗旨的坚守。乡村振兴的根本目的是实现共同富裕，维护好农村发展公平公正。五级书记抓乡村振兴的纵向贯通，进一步提升农村发展水平，缩小城乡之间以及农村内部的差距，确保农村发展的根本方向。其次，五级书记抓乡村振兴有助于农村基层党组织组织力、引导力的进一步增强。脱贫攻坚结束后，农村发展将由突击性、紧迫性、特殊性工作转入常规性、持久性、制度性工作③。五级书记抓乡村振兴的机制，目的是以党的组织力、引导力提升村庄的组织化水平和发展能力，从而降低农民走向市场的成本，促进小农户和大市场的对接、融入。再次，五级书记抓乡村振兴有助于加大资源调配力度、协调推进乡村全面发展。如：全面推进乡村振兴，必须融入区域协调发展战略、区域重大发展战略，构建城乡融合发展格局；产业振兴要形成跨城乡、区域的产业带，延长产业链、形成产业集群；文化振兴要面对地域性的民族文化或者地方文化；生态振兴要有区域整体协作；等等。这些都需要通过“五级书记一起抓”的机制，在区域间形

---

① 《把实施乡村振兴战略摆在优先位置　让乡村振兴成为全党全社会的共同行动》，《人民日报》2018年7月6日第1版。

② 习近平：《加快建设农业强国　推进农业农村现代化》，《求是》2023年第6期。

③ 刘奇：《后脱贫攻坚时代的组织力创新》，《中国发展观察》2019年第12期。

成协同关系。总的看，五级书记抓乡村振兴，是我国政治制度优势的体现，是党对农村工作全面领导的实现载体。通过党的组织体系，实现政府、市场、社会资源的更充分调动，各方关系的更好协调，既为农村发展提供了动力，又保证了农村发展的方向。

完善五级书记抓乡村振兴的政策体系。五级书记抓乡村振兴，是打赢脱贫攻坚战的重要法宝，是中国共产党领导、中国特色社会主义政治制度优势的集中呈现。落实五级书记抓乡村振兴，需要政策保证。从2018年起，党中央、国务院每年都在中央一号文件中对五级书记抓乡村振兴进行部署，形成了系统化、逐年递进的政策体系。

（二）强化优化五级书记抓乡村振兴的实践路径

一是进一步强化组织领导的工作机制。强化总揽全局、协调各方的党的领导制度体系，把党的领导落实到推动乡村振兴的全过程，增强各级党组织抓乡村振兴的组织力。把乡村振兴作为各级党委的中心工作，以高度的政治站位和担当意识推动乡村振兴各方面工作的开展。把乡村振兴与基层党组织建设紧密结合，把基层党组织建设成宣传农业农村发展新战略、推动乡村振兴、团结动员群众推动农村发展的坚强战斗堡垒。二是进一步完善资源配置的工作机制。以县域为单位，以联村党委、产业党支部等多种形式，实现区域发展互补、治理联动、服务共通，以“五级书记一起抓”推动“五个振兴”。发挥好县委书记的“一线总指挥”作用，在资金的整合及使用上给予县级政府必要的自主权，以县城为载体推进城镇化，以县域改革为动力推进城乡融合发展。三是进一步做实村庄资源落地的工作机制。进一步完善第一书记遴选制度，把满足乡村振兴需要的优秀干部选派到乡村去；发挥好基层党组织的战斗堡垒作用，进一步夯实农村基层党组织，吸引更多懂经营、会管理、善创新的农村青年加入党组织，做实党建引领乡村振兴机制，解决在产业振兴、社区服务、社区文化传承、生态文明建设过程中党员参与动力与参与机制问题，盘活村庄资源，实现振兴目标；坚持党的群众路线，发挥好农民的主体性，通过引入机制激发乡村活力和村民积极性，不断培育村民内生动力，让广大村民成为乡村振兴的真正主体，让村庄的内外资源转化为村庄发展的源源不断的动力。

（三）健全五级书记抓乡村振兴的考核机制

习近平总书记指出："坚持严管和厚爱结合、激励和约束并重，完善干部考核评价机制，建立激励机制和容错纠错机制，旗帜鲜明为那些敢于担当、踏实做事、不谋私利的干部撑腰鼓劲。要关心爱护基层干部，主动为他们排忧解难。"[①]乡村振兴中需要健全五级书记抓乡村振兴的考核机制。一是各省（区、市）党委和政府每年向党中央、国务院报告实施乡村振兴战略进展情况，省（区、市）以下各级党委和政府每年向上级党委和政府报告乡村振兴战略实施情况。二是地方各级党委和政府主要负责人、农村基层党组织书记是本地区乡村振兴工作第一责任人。上级党委和政府应当对下级党委和政府主要负责人、农村基层党组织书记履行第一责任人职责情况开展督查考核，并将考核结果作为干部选拔任用、评先奖优、问责追责的重要参考。三是将推进乡村振兴战略实绩、贫困县精准脱贫成效、巩固拓展脱贫攻坚成果纳入乡村振兴考核。四是强化乡村振兴督查，加强乡村统计工作，因地制宜建立客观反映乡村振兴进展的指标和统计体系，创新完善督查方式，及时发现和解决存在的问题，推动政策举措落实落地。建立规划实施督促检查机制，适时开展规划中期评估和总结评估。持续纠治形式主义、官僚主义，将减轻村级组织不合理负担纳入中央基层减负督查重点内容。五是中央和地方党政机关各涉农部门应当认真履行贯彻落实党中央关于农村工作各项决策部署的职责，贴近基层服务农民群众。六是各级党委应当建立激励机制，

---

① 《决胜全面建成小康社会　夺取新时代中国特色社会主义伟大胜利——习近平同志代表第十八届中央委员会向大会作的报告摘登》，《人民日报》2017年10月19日第2版。

鼓励干部敢于担当作为、勇于改革创新、乐于奉献为民，按照规定表彰和奖励在农村工作中作出突出贡献的集体和个人。七是坚持实事求是、依法行政，把握好农村各项工作的时度效。八是加强乡村振兴宣传工作，在全社会营造共同推进乡村振兴的浓厚氛围。

四、理解农村基层党组织是党在农村全部工作和战斗力的基础

（一）落实习近平总书记的重要指示，加强党的基层组织建设

“乡村振兴各项政策，最终要靠农村基层党组织来落实。这些年，我去过很多村，发现凡是发展得好的，都有一个好支部、好书记。明年乡镇、村将集中换届，要早做谋划、采取措施，选优配强乡镇领导班子、村‘两委’成员特别是村党组织书记。要突出抓基层、强基础、固基本的工作导向，推动各类资源向基层下沉，为基层干事创业创造更好条件。”①“要健全村党组织领导的村级组织体系，把农村基层党组织建设成为有效实现党的领导的坚强战斗堡垒，把村级自治组织、集体经济组织、农民合作组织、各类社会组织等紧紧团结在党组织的周围，团结带领农民群众听党话、感党恩、跟党走。这一轮全国村‘两委’集中换届已经全部完成，要全面培训提高村班子领导乡村振兴能力，不断优化带头人队伍，派强用好驻村第一书记和工作队，注重选拔优秀年轻干部到农村基层锻炼成长，充分发挥农村党员先锋模范作用。”②这些重要论述深刻阐明了加强基层党组织建设对于乡村振兴的重要意义，指出了加强基层党组织建设的内容、关键和主要途径，为如何加强基层党组织建设明确了方向、提出了要求，为加强农村基层党组织建设、全面推进乡村振兴提供了根本遵循。

---

① 习近平：《坚持把解决好“三农”问题作为全党工作重中之重　举全党全社会之力推动乡村振兴》，《求是》2022年第7期。

② 习近平：《加快建设农业强国　推进农业农村现代化》，《求是》2023年第6期。

（二）把全面从严治党落实到乡村振兴的全过程、各环节为加强农村基层组织建设奠定了基础

坚持全面从严治党是习近平新时代中国特色社会主义思想的核心内容之一。习近平总书记在全国脱贫攻坚总结表彰大会上指出："坚持求真务实、较真碰硬，做到真扶贫、扶真贫、脱真贫。我们把全面从严治党要求贯穿脱贫攻坚全过程和各环节，拿出抓铁有痕、踏石留印的劲头，把脱贫攻坚一抓到底。"①全面推进乡村振兴的深度、广度、难度都不亚于脱贫攻坚，将全面从严治党落实到乡村振兴的全过程、各环节是新时代深化党的自我革命，促进全党思想统一、政治团结、行动一致的生动实践。一是推动全面从严治党向纵深发展、向基层延伸。二是坚持抓乡促村，整乡推进、整县提升，加强基本组织、基本队伍、基本制度、基本活动、基本保障建设，持续整顿软弱涣散村党组织。三是加强农村基层党风廉政建设，强化农村基层干部和党员的日常教育管理监督，加强对《农村基层干部廉洁履行职责若干规定（试行）》执行情况的监督检查，弘扬新风正气，抵制歪风邪气。四是充分发挥纪检监察机关在督促相关职能部门抓好中央政策落实方面的作用。五是全面执行以财政投入为主的稳定的村级组织运转经费保障政策。

（三）加强农村基层组织建设为全面推进乡村振兴提供了稳定的社会基础

习近平总书记指出，基础不牢，地动山摇。农村工作千头万绪，抓好农村基层组织建设是关键②。农村基层组织将成熟的社会关系网络、丰富

---

① 习近平：《在全国脱贫攻坚总结表彰大会上的讲话》（2021年2月25日），《人民日报》2021年2月26日第2版。

② 中共中央文献研究室编《习近平关于"三农"工作论述摘编》，中央文献出版社，2019，第185页。

的社会治理经验、优势的政治资源一并融入乡村振兴实践中，为全面推进乡村振兴提供了稳定的社会基础。具体体现在：一是促进了资源整合。在实现资源整合的过程中，农村基层组织发挥对上建议、对下动员的政治智慧，引导各类资源在乡村经济社会发展中的合理配置与流动，实现了乡村发展的秩序化和有序性。二是推动了利益整合。乡村振兴是国家整体经济社会发展布局的调整与优化，是“工业反哺农业，城市反哺农村”的具体体现。三是实现了价值整合。全面推进乡村振兴不仅需要政策、制度和资源的支持，更需要价值理念和社会文化的支撑。农村基层组织在乡村振兴过程中通过培育和践行社会主义核心价值观将乡土价值与城市文明进行有效融合，减少了价值冲突和文化隔阂，共同支撑农村发展。

（四）提高党领导下的农村基层组织建设质量是全面推进乡村振兴的重要举措

农村基层组织是党和国家在农村工作的抓手，其有效运行关系国家各项农村发展战略的落实。在全面推进乡村振兴进程中，农村基层组织肩负着重构乡村社会秩序、统筹协调外来流入资源、组织村民良性参与社会治理、带领农村居民幸福生活的重要使命。其中，农村基层党组织是所有农村基层组织中最具坚强战斗力和引领力的组织，是党在农村的战斗堡垒，有利于保证党的路线、方针、政策在农村的贯彻执行，提高党领导下的农村基层组织建设质量是贯彻落实乡村振兴战略的桥头堡[①]。自党的十九大首次提出实施乡村振兴战略以来，国家制定出台一系列旨在提高农村基层组织建设质量的政策文件，意在顶层设计上为乡村善治提供支撑。从政策文件上看，2018—2022年的中央一号文件连续五年对农村基层组织建设的重点和方向作了详细规定和目标要求。2018年9月，中共中央、国务院印

① 夏银平、汪勇：《以农村基层党建引领乡村振兴：内生逻辑与提升路径》，《理论视野》2021年第8期。

发《乡村振兴战略规划（2018—2022年）》，明确提出要在推动乡村组织振兴的基础上，健全以党组织为核心的乡村组织体系，凸显出党组织在农村基层组织建设中的领导地位。2019年6月出台的《关于加强和改进乡村治理的指导意见》和2021年4月出台的《中共中央　国务院关于加强基层治理体系和治理能力现代化建设的意见》，对进一步强化党组织全面领导下的农村基层组织体系建设作出了明确指示和要求。从政策内容上看，要点如下：以加强农村基层党组织建设为重点，构建党组织领导的村级组织体系，用党组织引领其他各类村级组织的方式全面推进乡村振兴工作。在具体实践中，应根据地方实际，推行村党组织书记通过法定程序担任村民委员会主任，村“两委”班子成员交叉任职，并加大在优秀农村青年中发展党员的力度；针对重点村、软弱涣散村、集体经济薄弱村，坚持和完善选派驻村第一书记和工作队；厘清村级各类组织的功能定位，实现各类基层组织按需设置、按职履责、有人办事、有章理事的运行机制。

（五）提高农村基层组织建设质量必须解决好面临的现实问题

一是农村基层干部能力水平亟须提高。二是农村基层党组织建设有待强化。三是农村基层权力使用亟待有效监督。党和国家的相关政策对“一肩挑”的要求是村党组织书记通过法定程序担任村民委员会主任和村级集体经济组织、合作经济组织负责人，这虽然有利于提高基层办事效率，但也导致对一把手的行为难以产生有效制约。一方面，掌握多项事权的村党组织书记容易发展成为“一言堂”，滋长专权和腐败的现实问题；另一方面，村监委会主任由于是村党组织委员担任，很难实现独立监督。此外，在乡村社会，彼此之间有着千丝万缕的联系，导致村民代表在行使监督权方面存在软弱性和消极性[①]。

---

① 蔡文成、朱荣康：《村支书“一肩挑”治理模式的创新及制度优化》，《西北农林科技大学学报》（社会科学版）2022年第3期。

（六）提高农村基层组织建设质量的优化路径

一是提升农村基层党员干部的战斗力。一方面，必须加强对现有党员干部综合素质的培养，开展以乡村振兴为主题的思想、意识和能力的培训工作，坚定为民服务的信念。另一方面，要把有群众基础、有凝聚力、有影响力的“能人”作为党员发展的主要培养对象。二是加强农村基层党组织的领导力。村党组织作为农村基层组织的领导核心，要充分发挥党在基层的战斗堡垒作用。一方面要切实加强对农村各类组织的集中统一领导，提高党组织的影响力；另一方面也要教育引导农村各类组织在依法依规的前提下行使各项职权，尤其要激发群团社会组织参与乡村治理的热情。三是提高农村基层权力运用的约束力。一方面要规范村务监督委员会运行机制，完善村务监督制度，规范监督程序，明确监督权限，提升村务监督委员会的权威；另一方面要激活村民的权利意识，充分发挥村民代表会议拥有罢免权的监督功能。

（七）提高农村基层组织建设质量必须着力提升基层乡村振兴干部的综合能力

一是着力提升政治能力。政治能力就是把握方向、把握大势、把握全局的能力，就是辨别政治是非、保持政治定力、驾驭政治局面、防范政治风险的能力。乡村振兴干部要不断提高政治判断力、政治领悟力、政治执行力。二是着力提升抓落实能力。抓落实能力就是以上率下、脚踏实地、真抓实干的能力，就是认真将党的方针和政策落地落实落细的能力。乡村振兴干部要大力弘扬苦干实干的工作作风，提升对党的路线、方针、政策和决策部署的执行落实能力，努力做到实事求是、务求实效。三是着力提升发展经济能力。乡村振兴干部要不断提升经济、农业、产业发展的知识水平，开阔眼界、加强研判，找准方向、科学布局，在遵循市场经济和乡村发展规律的基础上，因地制宜推动农业和特色产业发展，带领群众走上共同富裕的道路。四是着力提升群众工作能力。群众工作能力就是融入群众、宣传群众、团结群众、动员群众的能力，就是了解群众需求、化解群众矛盾、解决群众问题、维护群众利益的能力。乡村振兴干部要贯彻党的群众路线，坚持从群众中来、到群众中去，想群众之所想、急群众之所急、解群众之所难，全方位、多角度提升为群众服务的能力。五是着力提升依法办事能力。乡村振兴干部要依法依规处理乡村事务，同时要加强农村法治宣传教育，不断提升群众法治意识和素养，教育引导农村广大群众办事依法、遇事找法、解决问题用法、化解矛盾靠法，推动完善农村法治服务，积极推进法治乡村建设。六是着力提升应急处突能力。应急处突能力是重要的专业能力和基本的技术能力。乡村振兴干部必须时刻保持对风险的警惕性、敏锐性，做好随时应对各种风险挑战的准备，在实践中不断提升应急处突的见识和胆识，不断增加专业知识储备，熟悉掌握自然灾害、公共卫生、社会治安等不同领域、不同等级突发事件的处理方式，关键时刻冲得上、危难关头豁得出，真正练就应急处突的硬本领。

知识链接

2021年以来，全国驻村第一书记和工作队轮换顺利完成，18.6万名驻村第一书记、56.3万名工作队员全部选派到位。广大驻村干部积极探索乡村振兴新路径，在全面推进乡村振兴中发挥更大作用。如北京市门头沟区于2022年9月启动第一书记创新创业大赛，全区61名第一书记结合自身岗位，申报创新创业项目60余个，经过实地调研论证、预选赛、提升培训等多个环节，最终5名第一书记的创新创业项目荣获最佳项目奖，多个项目与相关社会单位达成初步合作意向，凝聚起了乡村振兴的强大合力。

后 记

党的二十大报告明确指出，从现在起，我们党的中心任务就是团结带领全国各族人民全面建成社会主义现代化强国、实现第二个百年奋斗目标，以中国式现代化全面推进中华民族伟大复兴。中国式现代化，是人口规模巨大的现代化，是全体人民共同富裕的现代化，是物质文明和精神文明相协调的现代化，是人与自然和谐共生的现代化，是走和平发展道路的现代化。没有农业农村现代化，社会主义现代化是不全面的；民族要复兴，乡村必振兴。党的二十大对新时代新征程全面推进乡村振兴作出新部署。2023年中央一号文件进一步明确指出，举全党之力全面推进乡村振兴，加快农业农村现代化。要求坚决守住确保粮食安全、防止规模性返贫等底线，扎实推进乡村发展、乡村建设、乡村治理等重点工作，加快建设农业强国，建设宜居宜业和美乡村，为全面建设社会主义现代化国家开好局起好步打下坚实基础。

本书创作的目的，总的是深入学习宣传贯彻党的二十大精神，帮助广大读者更进一步学习领会、贯彻落实习近平总书记关于“三农”工作的重要论述。具体目的是期待以“三个更加”助力读者：更加深刻认识党中央关于新时代新征程全面推进乡村振兴的决策部署；更加系统理解发展乡村特色产业、拓宽农民增收致富渠道，巩固拓展脱贫攻坚成果、增强脱贫地区和脱贫群众内生发展动力等重大举措；更加准确把握一体推进农业现代化和农村现代化，建设宜居宜业和美乡村，加快建设农业强国等战略安排，以及蕴含上述方面的理论意涵，从而为更广泛凝聚乡村振兴合力夯实思想基础。

本书在写作及书稿形成上呈现以下突出特点：一是坚持读者导向。目标读者群体主要是广大党员干部，特别是各级党政机关和企事业单位的领导干部、驻村帮扶干部，同时面向大众读者。二是以轻阅读的方式搭建本书内容。正文通过11个问题搭建11个章节，每个章节分为三个部分：概述（起到每章开篇提纲挈领的作用）；详细解读（分要点详细阐述本章节主题的相关内容）；知识链接（相关政策、知识点链接等）。三是表述简练、生动、通俗。语言尽可能通俗易懂、生动鲜活，观点独到、务实管用，以小切口反映大问题，融合理论创新、政策研究与具体实践于一体。

本书的创作出版得到了广西人民出版社韦鸿学社长、赵彦红总编辑、罗敏超副总编辑的关心和支持，梁凤华主任、覃结玲编辑为本书的编辑出版付出了大量精力，在此对他们表示感谢。同时对一直以来给予我无私支持的众亲友、领导同事们，一并表示衷心感谢！

书中不妥之处，敬请批评指正。

黄承伟

2023年12月于北京